MAURICE TOURNEUX

MARIE-ANTOINETTE

DEVANT L'HISTOIRE

ESSAI BIBLIOGRAPHIQUE

PARIS
LIBRAIRIE TECHENER
(H. LECLERC ET P. CORNUAU, S^{rs})
219, rue Saint-Honoré, au coin de la rue d'Alger.

MDCCCXCV

MARIE-ANTOINETTE

DEVANT L'HISTOIRE

MAURICE TOURNEUX

MARIE-ANTOINETTE
DEVANT L'HISTOIRE

ESSAI BIBLIOGRAPHIQUE

PARIS

LIBRAIRIE TECHENER

(H. LECLERC ET P. CORNUAU, S⁰⁰)

219, rue Saint-Honoré, au coin de la rue d'Alger.

MDCCCXCV

AVERTISSEMENT

A nomenclature des écrits relatifs à Marie-Antoinette a déjà fait l'objet de deux monographies rédigées à une époque où la Bibliothèque n'avait pas encore acquis les fonds La Bédoyère et Hennequin, répartis depuis dans les séries précédemment constituées de l'histoire révolutionnaire, et lorsque les archives de France et d'Autriche demeuraient encore closes ou inexplorées : toutes deux sont donc nécessairement aujourd'hui fort incomplètes.

Quérard avait détaché la première de la vaste *Encyclopédie du Bibliothécaire* à laquelle il travailla une partie de sa vie et dont l'indifférence du public et des gouvernements ne lui permit même pas d'entreprendre la mise au jour. Cette monographie, que Ch. Brunet avait signée avec lui, parut, ainsi que divers autres fragments de même provenance et de même nature, dans la revue à laquelle le bibliographe avait donné son propre nom (*le Quérard*, 2ᵉ année, 1856, pp. 401-439), et fut bientôt suivie (pp. 479-486) de diverses additions ou rectifications proposées par Paul Lacroix, ou signées B*** (Gustave Brunet, de Bordeaux). Le second travail, intitulé *Bio-bibliographie de Marie-Antoinette,* dû à la collaboration de MM. de La Sicotière et de Lescure, est extrait du volume publié par celui-ci sous ce titre : *La vraie Marie-Antoinette* (1865) et il en fut fait un tirage à part de cent exemplaires, presque tous détruits à cause des fautes typographiques qui le défiguraient.

Quérard et Charles Brunet avaient pu réunir un nombre considérable de titres répartis en deux chapitres et de nombreuses subdivisions : I. *Écrits de Marie-Antoinette.* — II. *Ouvrages pour et contre Marie-Antoinette* (A. Années 1774-1784. — B. Affaire du Collier. — C. Historiens et pamphlétaires de Marie-Antoinette de 1788 à 1790. — D. Fuite de la Famille royale. — E. Détention de la Reine : le Temple et la Conciergerie. — F. Aménités révolutionnaires à l'égard de la Reine, en 1792 et 1793. — G. Procès de la Reine. — H. Exécution de Marie-Antoinette. — I. Historiens et détracteurs de Marie-Antoinette de la fin du xviiie siècle. — J. Historiens et apologistes de Marie-Antoinette depuis le commencement du siècle jusqu'en 1855).

Les pamphlets occupaient légitimement une très large place dans cette énumération, et en transcrivant leurs titres, les deux bibliographes n'obéissaient, on peut le croire, à aucune pensée hostile envers la femme ainsi vouée à la fureur populaire. En sollicitant le concours de M. de La Sicotière, M. de Lescure lui traçait au contraire un programme inspiré d'un sentiment assurément plus chevaleresque que critique. « Je refuse, lui écrivait-il, l'entrée du temple aux témoins souillés. Dehors les infâmes ! Dehors les sacrilèges ! Qu'ils déposent leur venin à la porte du monument, s'ils le veulent, mais qu'ils n'en franchissent point le seuil sacré ! » Afin « d'aider les recherches honnêtes, de favoriser les curiosités chastes », M. de La Sicotière avait dû omettre les livrets à titres orduriers et à frontispices obscènes stigmatisés par son collaborateur en termes véhéments et déclamatoires. Peut-être ne pensait-il pas, comme lui, qu'« on ne doit brûler que des parfums devant les autels », et n'eut-il pas, s'il en eût été libre, « refusé l'enregistrement aux dépositions calomniatrices et vénales, aux puérilités, aux infamies » ; toujours est-il qu'ainsi amendé, ce travail « auquel il aurait fallu consacrer des mois et auquel il n'avait pu donner que quelques jours » est appelé à rendre moins de services encore que celui de Quérard.

Dans l'essai que je soumets aujourd'hui aux lecteurs, je n'ai adopté ni les mêmes divisions que les premiers de mes prédécesseurs, ni obéi aux mêmes scrupules que les seconds. L'affaire du Collier, par exemple, n'est représentée ici que par les travaux modernes où le rôle de la Reine a été examiné, et j'ai volontairement négligé les pamphlets et les factums échangés entre les comparses de cette ténébreuse intrigue. De même, j'ai cru inutile de faire figurer ici, autrement que sous forme de renvois à ma *Bibliographie de l'histoire de Paris pendant la Révolution*, ce qui a trait aux journées des 5 et 6 octobre, du 20 juin, du 10 août, à la fuite de Varennes, à la captivité de Marie-Antoinette au Temple et à la Conciergerie, à son procès et à sa mort (1). En dépit de ce que j'ai dû emprunter à mes devanciers, je crois pouvoir dire que ce travail ne fait nullement double emploi avec le leur et pour cause, car depuis 1865 la question a été renouvelée à tous les points de vue et sur toutes ses faces.

---

(1) Dans les cotes placées à la suite de chaque intitulé, la lettre *N* désigne la Bibliothèque nationale; la lettre *P*, la Bibliothèque de la Ville; la lettre *R*, la collection Rondonneau aux Archives nationales.

Quérard s'étonnait en 1856 qu'on n'eût point encore songé à réunir les lettres de Marie-Antoinette. Son vœu n'a été que trop bien exaucé huit ans plus tard, et si la mort ne l'eût frappé peu après, il aurait pu ajouter un piquant article à ses *Supercheries littéraires*. En 1864 parurent simultanément deux recueils accueillis avec une faveur marquée, puis bientôt mis à néant par la critique lorsqu'elle eut répondu au cri d'alarme poussé par Edmond Scherer. Je n'avais à reprendre par le menu ce long débat, hier encore résumé par M. de Beaucourt, mais j'ai cru devoir indiquer toutes les pièces de cette procédure déjà lointaine et qui marque une date dans l'histoire de la critique moderne.

Tandis que la lumière se faisait peu à peu sur la mystification dont M. d'Hunolstein avait été la victime et dont Feuillet de Conches s'était constitué le défenseur plus bruyant que désintéressé, M. d'Arneth tirait des archives de la Couronne d'Autriche d'irréfutables documents; grâce à lui, et plus tard à ses deux collaborateurs français, MM. Geffroy et Flammermont, la vraie Marie-Antoinette est apparue enfin, d'abord à travers ses propres lettres, si différentes par le fond et par la forme de celles que lui attribuaient d'impudents faussaires, puis dévoilée par les correspondances incessamment entretenues entre la cour de Vienne et ses représentants à Paris et à Versailles.

C'est d'hier seulement, en effet, qu'il est enfin possible de juger en parfaite connaissance de cause les actes de la Reine et sa part dans les conseils de Louis XVI. Jusque-là tout semblait conjuré pour interdire à l'historien d'entrevoir la vérité. Longtemps travestie par les adulations les plus exaltées et parfois les plus imprudentes, ou souillée par ce que l'imagination la plus déréglée peut mettre au service de la haine la plus implacable, la mémoire de Marie-Antoinette a, comme sa personnalité même, traversé les phases les plus diverses. De 1789 à 1793, c'est à peine si dans le flot des calomnies qui visent bien plutôt la femme que la souveraine, on peut signaler deux ou trois timides tentatives d'apologie. Sitôt que sa tête est tombée, c'est un concert de louanges et de regrets qui, brutalement interrompu par l'Empire, reprend de plus belle sous la Restauration. Alors aussi apparaissent les premiers témoignages contemporains, parfois si suspects et si contradictoires. Durant la monarchie de juillet il n'y a guère à signaler que les piteuses compilations affublées par Lamothe-Langon et Cie des noms les plus sonores ou les moins justifiés et d'où procèdent directement, mais avec la verve qui manque à leurs modèles, *Joseph Balsamo*, le *Collier de la Reine*, le *Chevalier de Maison-Rouge*, etc. Vers le milieu du second Empire, les études d'histoire moderne prennent un essor qu'elles n'avaient jamais connu jusque-là. On fouille les cartons longtemps inaccessibles des archives publiques ou privées, on s'enquiert des correspondances enfouies ou disparues, on demande à l'iconographie des informations trop longtemps négligées ; mais si l'on en excepte le livre de MM. de Goncourt (1859), la plupart des études consacrées à Marie-Antoinette trahissent des préoccupations romanesques et sentimentales, ou une arrière-pensée de flatterie à l'égard de l'impératrice qui encourage de son patronage une première exposition rétrospective organisée à Trianon (1867). Les recueils de MM. d'Hunolstein et Feuillet de Conches arrivent à point nommé pour aviver et entretenir ce culte nouveau jusqu'au jour où l'éclat d'un véritable scandale scientifique désabuse ceux qui lui avaient d'abord accordé quelque crédit. Le plus illustre d'entre eux, Sainte-Beuve, a fait, à propos de l'édition française du recueil de M. d'Arneth (1),

(1) *Nouveaux lundis*, tome X, p. 354-355.

amende honorable dans une page exquise, très peu connue, si je ne me trompe, et que j'abrège à regret :

..... « Que la vérité est donc chose délicate à connaître et comme il nuit ensuite de la trop bien savoir à qui voudrait créer et imaginer! Voilà une figure touchante entre toutes, une figure épique et tragique, s'il en fut, image et victime de la plus grande calamité qui ait passionné le monde. Dans l'antiquité, la poésie s'en fût saisie aussitôt.... Après la poésie, la rhétorique, à son tour, serait venue s'en mêler; après l'âge du chant, si l'on avait voulu absolument des écrits, on n'eût certes pas été embarrassé d'en fournir; un rhéteur habile aurait fait des lettres de la reine comme il y en a de tant de personnages illustres. On n'aurait vu là qu'une preuve de talent, un exercice d'esprit, pas même une peccadille historique. La plupart même y auraient cru, sans soupçon, sans examen. Les La Beaumelle avaient beau jeu dans l'antiquité. Au lieu de cela, aujourd'hui, tout est grave, on est ramené au fait de tous les côtés; l'archiviste, ce monsieur en lunettes, est en définitive le juge du camp, l'arbitre en dernier ressort. Plus de don Carlos romanesque et sentimental, M. Gachard ne le veut pas. Plus de Marie-Antoinette toute ravissante, toute sentimentale aussi et pastorale, une merveille accomplie, réunissant tous les dons, traînant après soi tous les cœurs; M. d'Arneth, ses lettres en main, s'y oppose. Il n'y a plus moyen d'ajouter un trait, de pousser à la perfection, à l'art, de composer sa *Princesse de Clèves* à souhait. La chevalerie et le roman sont contrariés. Qu'y faire? Les pièces originales sont là, telles quelles, elles parlent ou elles se taisent, elles font foi. Les conditions modernes de l'histoire sont à ce prix ».

Sainte-Beuve écrivait ceci en 1866, et depuis lors tous ceux qui ont abordé le sujet, soit dans son ensemble, soit par quelque côté, ont tenu à honneur de suivre la démarcation qu'il avait tracée, non sans une pointe de regret et d'ironie, entre les procédés de l'ancienne et de la nouvelle école. Adversaires et défenseurs sont du moins tombés d'accord sur la nécessité de ne rien alléguer que sur preuves, et si tous les écrits auxquels a donné lieu cette louable préoccupation ne sont pas de même valeur, personne n'oserait se contenter de *l'à peu près* qui répondrait le mieux à une préférence secrète. A suivre l'énumération que je présente aux lecteurs, on pourrait croire le débat épuisé. Il n'en est rien pourtant ; d'autres livres encore se préparent, je le sais, et cette bibliographie, où je me suis efforcé de ne rien omettre d'essentiel, vieillira promptement à son tour, car, dans les sciences auxiliaires de l'histoire, comme dans l'histoire elle-même, comme dans toute science, le dernier mot n'est jamais dit.

Maurice Tourneux.

MARIE-ANTOINETTE

DEVANT L'HISTOIRE

§ I. — Écrits authentiques & apocryphes de Marie-Antoinette.

A. — CORRESPONDANCE OFFICIELLE ET PRIVÉE.

1. — A propos d'autographes. Marie-Antoinette, Madame Roland, Charlotte Corday, par M. DE LA SICOTIÈRE, ancien directeur de la Société des Antiquaires de Normandie, correspondant du ministère de l'Instruction publique pour les travaux historiques. *Rouen, impr. E. Cagniard,* 1864 ; in-8, 2 ff. et 60 pp.

Le titre de départ, p. 1, porte en plus : « .Extrait de la *Revue de la Normandie,* juillet 1864 ».

Étude écrite à l'occasion de l'insertion dans *le Courrier du Pas-de-Calais* d'une lettre soi-disant inédite et datée du 7 janvier 1793, adressée par Marie-Antoinette et par Louis XVI à Mme de Polignac, lettre déjà publiée par MM. de Beauchesne, de Goncourt et de Lescure ; le reste de cette étude est consacré aux lettres de Mme Roland à Buzot, à deux lettres inédites de Charlotte Corday et à divers documents la concernant.

La lettre de Marie-Antoinette, apostillée par Louis XVI, fut écrite non en 1793, mais en 1790. L'original appartenait à Feuillet de Conches.

2. — Correspondance inédite de Marie-Antoinette, publiée sur les documents originaux, par le comte Paul Vogt d'Hunolstein, ancien député de la Moselle. — Supplément à la Correspondance inédite publiée sur les originaux, par le comte Paul Vogt d'Hunolstein... *Paris, E. Dentu*, 1864 ; in-8. (*N*. Lb [39] 6192.)

La *Correspondance inédite* comporte 2 ff. et III-304 pp. ; le *Supplément* forme VII-29 pp. et un f. non chiffré pour la table.

Il manque dans un tirage portant *Deuxième édition*, qui ne présente aucune autre différence et que, par suite, je crois superflu de décrire.

La *Correspondance* proprement dite avait été déposée le 20 juin 1864 au ministère de l'Intérieur, le *Supplément* y fut inscrit le 15 juillet. Dès le 12 juillet M. Edmond Scherer exprimait dans *le Temps* les doutes que lui inspiraient plusieurs des lettres mises au jour par M. d'Hunolstein, mais sans incriminer en rien la bonne foi de l'éditeur. Ses arguments furent aussitôt repris dans une correspondance parisienne adressée le 16 juillet à la *Wiener Press* et dans un supplément de la *Gazette d'Augsbourg* du 24.

2 [a]. — Correspondance inédite publiée sur les documents originaux, par le comte Paul Vogt d'Hunolstein... Troisième édition, revue avec soin, et augmentée de dix-neuf lettres. *Paris, E. Dentu*, 1864 ; in-8, XXXI-333 pp. (*N*. Lb [39] 6192 B.)

P. v. *Avant-propos* (conforme à celui des deux premiers tirages). P. ix. *Avertissement de la troisième édition*. P. xiii. *Introduction*.

2 [b]. — Correspondance inédite de Marie-Antoinette, publiée sur les documents originaux par le comte Paul Vogt d'Hunolstein.... Quatrième édition, revue et augmentée d'un portrait authentique gravé par

FLEMMENG (sic), d'une préface nouvelle et de nombreux fac-simile. *Paris, E. Dentu,* 1868; in-8, CXVI-333 pp. et 1 f. d'*errata* (*N.* Lb 39 6192 C.)

En regard du tire, portrait gravé à l'eau-forte par M. LÉOPOLD FLAMENG d'après l'esquisse de KUCHARSKY. P. v. *Avant-propos* (conforme à ceux des éditions précédentes. P. IX. *Avertissement de la troisième édition* (même remarque). P. XIII. *Introduction.* P. XXXIII. *Notice sur le portrait de la reine Marie-Antoinette qui se trouve en tête de cette quatrième édition.* P. XXXIV. Lettre de M. le Marquis de Laborde à l'auteur (30 mai 1866). P. XLI. *Mémoire pour la quatrième édition.*

Le feuillet d'*errata* est suivi de 13 lettres reproduites en fac-simile, non numérotées et formant 27 pages.

Dans le *Mémoire pour la quatrième édition,* M. d'Hunolstein expose les raisons qui, selon lui, militaient en faveur de l'authenticité des autographes dont il ne révèle pas la provenance. Plus tard il les soumit à l'examen de MM. d'Arneth et de Sybel, qui se prononcèrent en un sens tout opposé.

3. — Louis XVI, Marie-Antoinette et Mme Élisabeth, lettre et documents inédits publiés par F. FEUILLET DE CONCHES. *Paris, Henri Plon,* 1864-1873; 6 vol. in-8. (*N.* Lb 39 6178.)

Tomes I et II. Publiés en août et septembre 1864. Le tome Ier est accompagné d'un prospectus rédigé en termes ronflants par lequel l'éditeur (ou son prête-nom) annonçait la mise au jour de « *mille* lettres inédites, copiées, en vertu d'une autorisation exclusive et privilégiée, aux archives d'Autriche, de Moscou, de Suède, de Paris, ou provenant de communications et d'acquisitions sans nombre depuis vingt ans ». L'ensemble de la publication comporte en tout non pas mille, mais 870 documents dont beaucoup n'étaient pas inédits. Chacun d'eux, même le plus insignifiant, est pourvu d'un sommaire analytique répété à la table des matières.

Le tome Ier est également précédé d'une longue introduction où l'auteur s'élève avec véhémence contre les faussaires et rappelle, à propos de Louis XVI, la mystification dont Babié de Bercenay et Sulpice de La Platière s'étaient rendus coupables, au début du siècle, en fabriquant de toutes pièces une prétendue correspondance du roi.

Le tome II est orné de quatre fac-similes indiqués à la table.

A peine parus, ces deux premiers volumes furent épuisés, et aussitôt réimprimés pour satisfaire à de nombreuses demandes ; mais aussi, pour parer à quelques-unes des critiques qu'ils avaient soulevés, Feuillet de Conches introduisit d'assez importantes retouches dans ce second tirage, telles que des indications de provenances primitivement omises et, ce qui parut plus singulier, la suppression de signatures précédemment figurées au bas de lettres dont M. d'Hunolstein croyait posséder les originaux. Inscrit au catalogue imprimé de la B. N. (tome IX), ce second tirage a été porté depuis au « relevé des absents » et M. de Sybel, l'un des adversaires les plus déterminés de Feuillet de Conches, n'avait pu se le procurer au moment même où il fut annoncé.

Tome III (1865). En regard du titre, portrait de Louis XVI gravé par Levasseur, sous la direction de Henriquel-Dupont d'après un portrait de Duplessis appartenant au marquis de Biencourt. Cinq fac-simile non mentionnés à la table, savoir : lettres de la reine à Marie-Thérèse (14 juin 1777), p. xxviii ; à la duchesse de La Trémoille, p. 5 ; à Joseph II (20 novembre 1777), p. 242 ; à Mme de Polignac (31 août 1791), p. 304, et une lettre de Marie-Thérèse à sa fille Marie-Christine, p. 447 (appendice).

Tome IV (1866). En regard du titre, portrait de Madame Élisabeth gravé par Morse, sous la direction de Henriquel Dupont, d'après le portrait peint en 1787 par Mme Deville (cabinet du marquis de Casteja).

Tome V (1869). En regard du titre, portrait de Marie-Antoinette gravé par Morse, sous la direction de Henriquel Dupont, d'après le buste de Pajou appartenant à Feuillet de Conches.

Tome VI (1873). Autre portrait de Marie-Antoinette gravé par Morse, sous la direction de Henriquel Dupont, d'après Wertmuller et nouveau prospectus où l'auteur se flatte d'avoir repoussé « les insinuations sans preuves par lesquelles la critique révolutionnaire (?) avait essayé de ruiner le crédit d'une publication de bonne foi, dont les éléments, puisés aux sources officielles, ont tour à tour subi victorieusement l'épreuve de la discussion ».

Voici maintenant, dans l'ordre chronologique, la liste des articles publiés en France et à l'étranger sur les quatre premiers volumes. Quelques-uns d'entr'eux ont été tirés à part et seront, sous cette nouvelle forme, mentionnés plus loin.

— Sainte-Beuve. — *Le Constitutionnel*, 8, 15 et 22 août 1864. Réimp. avec additions et corrections importantes, dans les *Nouveaux lundis*, tome VIII (1867).

— *Gazette d'Augsbourg*, 28 septembre, 1er octobre 1864, 4 et 6 février 1865. Annonce du premier recueil d'Arneth et examen sévère des deux publications françaises.

— H. de Sybel. — *Briefwechsel der Königin Marie-Antoinette*. *Historische Zeitschrift* de Munich, 1er mars 1865, p. 164-178.

— P. Ristelhuber. — *L'Intermédiaire des chercheurs et curieux*, 25 mars 1865, col. 191. Réponse de Feuillet de Conches, 10 avril, col. 221 (reproduite dans *l'Amateur d'Autographes* du 16 avril) et réplique de M. Ristelhuber, 10 mai, col. 284.

— *Gazette d'Augsbourg*, 7, 8 et 9 avril 1865 (Supplément). Examen du tome II de Feuillet de Conches.

— *L'Indépendance belge*, 18 juillet 1865. Réponse de Feuillet de Conches. Autre article du même dans le *Journal des Débats* du 25 juillet. Repris et développé dans la préface du tome III de la publication.

— Ch. de Mazade. — *Polémiques historiques et livres nouveaux*. — *Revue des Deux-Mondes*, 15 juillet 1865, p. 504-515. Favorable aux recueils français.

— Élie Reclus. — *Correspondance de la reine Marie-Antoinette*. — *Revue moderne*, 1er juillet 1865, tome XXIV, p. 170-173. Suivi d'une note de M. de Sybel sur les relations épistolaires de la reine et de Marie-Christine, archiduchesse de Saxe-Teschen.

— Edmond Scherer. — *Les lettres de Marie-Antoinette*. *Le Temps*, 15 avril 1865. Réponse datée d'Étretat (3 octobre) de Feuillet de Conches, 12 et 13 octobre. Réplique de Scherer, 19 octobre.

— Eugène Veuillot. — *Une Enquête sur les lettres de Marie-Antoinette*. — *Revue du monde catholique*, tome XIII, 25 août 1865, p. 124-136. Reprise et complétée dans un nouvel article, plus sévère que le premier, intitulé : *Polémique sur les lettres de Marie-Antoinette* (Ibid., p. 862-871).

— M. de Lescure. — *De l'authenticité des lettres de Marie-*

Antoinette récemment publiées. — *Revue contemporaine,* 1er septembre 1865 (2e série, tome XLVII, ou 82e de la collection, p. 62-94). Apologie sans réserves et sans mesure du recueil Feuillet de Conches.

— A. GEFFROY. — *Marie-Antoinette et les Suédois à Versailles.* — *Revue des Deux-Mondes,* 15 septembre 1865. Début d'une polémique qui prit l'année suivante un caractère aigu.

— CH. DE MOÜY. — *La Presse,* 20 septembre 1865.

— CH. AUBERTIN. — *La France,* 2 octobre 1865.

— H. DE SYBEL. — *Les lettres de Marie-Antoinette et leurs derniers éditeurs.* — *Revue moderne,* 1er décembre 1865, tome XXXV, p. 436-465, avec une pl. hors texte de fac-similé de signatures de la Reine à diverses époques. Publié simultanément en allemand dans l'*Historische Zeitschrift,* et cité en partie dans le *Temps* du 9 décembre, avec apostille de SCHERER.

— FEUILLET DE CONCHES — Lettre, en réponse à la citation précédente et nouvelle apostille de SCHERER. — *Le Temps,* 24 décembre 1865.

— A. GEFFROY. — *Encore les lettres de Marie-Antoinette.* — *Le Temps,* 5 janvier 1866. Tiré à part (in-4, 4 p. à deux col.) sous le titre : *Extrait du journal* le Temps.

— J. CHARAVAY aîné. — *La Question de l'écriture dans les lettres de Marie-Antoinette.*— *L'Amateur d'autographes,* 16 mars 1866. *Encore les lettres de Marie-Antoinette. Ibid.,* 16 avril 1866 (renfermant une lettre de M. ALFRED D'ARNETH). *De l'authenticité des lettres de Marie-Antoinette. Ibid.,* 1er mai 1866 (Nouvelle lettre de M. D'ARNETH et nouvelle réponse de J. CHARAVAY aîné).

— A. GEFFROY. — *La reine Marie-Antoinette d'après les documents authentiques de Vienne.* — *Revue des Deux-Mondes,* 1er juin 1866.

— FEUILLET DE CONCHES. — *De l'authenticité des lettres de Marie-Antoinette.* — *Revue des Deux-Mondes,* 15 juillet 1866, p. 446-503, suivie (p. 503-515) d'une réplique sans titre (intitulée à la table générale : *Réponse à ce débat*) de M. A. GEFFROY. L'article de Feuillet de Conches n'était, à peu de chose près, qu'un extrait de l'introduction du tome IV de sa publication.

— A. GEFFROY. — Lettre au directeur de la Revue. — *Revue des Deux-Mondes,* 15 août 1866, p. 1033-1038. L'auteur a repris et développé ses arguments dans les appendices de son livre sur *Gustave III et la cour de France.* Voyez le n° 10 ci-après.

Voyez aussi les deux n°s suivants.

4. — De l'Authenticité des Lettres de Marie-Antoinette récemment publiées, par Georges Gandy. Extrait de la « Revue des questions historiques ». *Paris, Palmé,* 1867 ; in-8, v-39 pp. (*N.* Lb[39] 6195.)

Tirage à part du n° de janvier 1867. Le texte est suivi de trois feuilles de fac-similé d'après les signatures de la Reine, de 1770 à 1788.

5. — Lettres de Marie-Antoinette. Nouvelle pièce versée au dossier de M. Feuillet de Conches. *Saint-Germain, imp. Toinon, s. d.;* in-8, 8 pp. (*N.* Lb[39] 6196.)

Signé : H. de Sybel.
On lit au bas de la dernière page : Extrait de la *Revue moderne,* du 1er janvier 1867.

6. — Maria Theresia und Marie Antoinette. Ihr Briefwechsel während der Jahre 1770-1780, herausgegeben von Alfred Ritter von Arneth. (Marie-Thérèse et Marie-Antoinette, leur correspondance de 1770 à 1780, publiée par le chevalier Alfred d'Arneth). *Paris, Ed. Jung-Treuttel; Wien, W. Braumüller,* 1865 ; in-8, xi-388 pp. et 2 pp. de fac-similé. (*N.* Inv. M. 29459.)

Au verso du faux-titre, déclaration du dépôt effectué en décembre 1864 au Ministère de l'Intérieur (direction de la librairie).

6 a. — Maria Theresia und Marie Antoinette.... Zweite vermehrte Auflage, mit Briefen des abbé de Vermond and den Grafen Mercy. *Leipzig, Köhler ; Paris, Ed. Jung-Treuttel; Wien, W. Braumüller,* 1866; in-8, xvi-415 pp. et 8 pp. de fac-similé.

Deuxième édition augmentée d'une instruction et d'une lettre de Marie-Thérèse à la Dauphine (21 avril et 4 mai 1770), de divers billets de Marie-Antoinette à Mercy, à Kaunitz, au comte de Rosenberg, et de seize lettres de l'abbé de Vermond à Mercy.

7. — Marie-Antoinette, Joseph II und Léopold II, Ihr briefwechsel (MARIE-ANTOINETTE, JOSEPH II et LÉOPOLD II; leur correspondance, publiée par le chevalier ALFRED D'ARNETH. *Leipzig, Köhler; Paris, Ed. Jung-Treuttel; Vienne, W. Braümuller*, 1866; in-8, xii-300 pp. (*N.* Lb [39] 6194.)

Après la table des matières sont placés les fac-simile des lettres : ii (29 mai 1777), xlvii (17 octobre 1785), cxviii (juillet 1791) et un billet non chiffré, daté du 13 mars 1792 et signé par le Roi et par la Reine.

8. — Marie-Antoinette. Correspondance secrète entre MARIE-THÉRÈSE et le comte de MERCY-ARGENTEAU, avec les lettres de MARIE-THÉRÈSE et de MARIE-ANTOINETTE, publiées avec une introduction et des notes, par M. le chevalier ALFRED D'ARNETH, directeur des archives de la maison impériale et de l'État d'Autriche, et M. A. GEFFROY, professeur à la Faculté des lettres de Paris. *Paris, Firmin Didot frères, fils et c*[ie], 1874; 3 vol. in-8. (*N.* Lb [39] 11092.)

8[a]. — Lettres de la reine MARIE-ANTOINETTE à la landgrave Louise de Hesse-Darmstadt. *Paris, Henri Plon*, 1865; in-8, 68 pp. (*N.* Lb [39] 6193.)

La *Préface* datée de Hanôvre, 20 mars 1865, est signée : Comte DE REISET.
Les originaux des lettres publiées pour la première fois appartiennent aux archives ducales de Darmstadt.
L'éditeur a publié d'autres lettres et billets provenant du même fonds. Voyez les deux n[os] suivants.

9. — Lettres inédites de MARIE-ANTOINETTE et de MARIE-CLOTILDE DE FRANCE (sœur de Louis XVI), reine de Sardaigne, publiées et annotées par le comte DE REISET, ancien ministre plénipotentiaire. Gravures par LERAT, fac-simile par PILINSKY. *Paris, Firmin Didot et C*[ie], 1876; in-12, 1 f. et 394 pp. (*N.* Lb [39] 11209.)

P. 388 (non chiffrée). *Errata.* P. 391 (non chiffrée), *Table des gravures.*

Les lettres adressées à la princesse Charlotte de Hesse-Darmstadt, sœur de la landgrave Louise, proviennent des archives de Hanôvre.

Voyez le n° suivant.

9ᵃ. — Lettres inédites de Marie-Antoinette et de Marie-Clotilde de France... publiées et annotées par le comte de Reiset... Deuxième édition. *Paris, Firmin Didot et Cⁱᵉ,* 1877 ; in-12, 2 ff. et 408 pp. (*N.* Lb³⁹ 11209 A.)

Dans cette nouvelle édition, les fautes signalées par les errata de la première sont corrigées ; de plus, on y trouve p. 394 et suivantes des lettres inédites du Roi et de la Reine tirées des archives de M. le duc de Gramont.

10. — Gustave III et la cour de France, suivi d'une étude critique sur Marie-Antoinette et Louis XVI apocryphes, avec portraits inédits de Marie-Antoinette, etc., et fac-simile par A. Geffroy, professeur suppléant à la Faculté des lettres de Paris. *Paris, Didier et Cⁱᵉ,* 1869 ; 2 vol. in-8 et in-12 (*N.* M. 26554-26555.)

L'étude sur *Marie-Antoinette et Louis XVI apocryphes* forme la première pièce de l'*Appendice.* Elle est accompagnée de deux pl. de fac-simile et suivie de fragments du *Journal manuscrit de Louis XVI,* conservé aux Archives nationales et publié depuis intégralement par Louis Nicolardot.

11. — Lettres de Marie-Antoinette. Recueil des lettres authentiques de la Reine publié pour la Société d'histoire contemporaine, par Maxime de la Rocheterie et le marquis de Beaucourt. Tome I. *Paris, Alph. Picard et fils,* 1895 ; in-8, cxxvi-246 pp.

L'*Introduction* comporte deux parties : P. vii-xc, *Étude critique* par M. de Beaucourt. P. xci-cxxvi, *Étude historique,* par M. de la Rocheterie.

L'*Étude critique*, de M. de Beaucourt, se subdivise elle-même en plusieurs chapitres : I. *Premières lettres apocryphes*. II. *Recueils de MM. d'Hunolstein et Feuillet de Conches*. III. *Lettres ayant passé dans les ventes d'autographes*. IV. *Lettres à la duchesse de Polignac*. V. *Lettres à la princesse de Lamballe*. VI. *Lettres à diverses personnes*. VII. *Lettres authentiques* (divisé en huit paragraphes).

L'*Étude historique* de M. de la Rocheterie est, comme son titre l'indique, un résumé du rôle politique et de la vie privée de la Reine d'après les témoignages contemporains qui lui sont le plus favorables.

Ce premier volume renferme 128 lettres, dont 99 empruntées au recueil de MM. d'Arneth et Geffroy, une au recueil de MM. d'Arneth et Flammermont, 9 aux autres publications du savant directeur des Archives d'Autriche, et les 19 autres à divers éditeurs. M. Flammermont (*la Révolution française*, 14 mai 1895, p. 478), a signalé comme faux un billet, d'ailleurs insignifiant, à la duchesse de La Trémoille (p. 70). L'original a fait partie du cabinet Feuillet de Conches qui en a donné le fac-simile au tome III (p. 51) de son recueil.

12. — EUGÈNE WELVERT. La saisie des papiers du conventionnel Courtois (1816). Testament de Marie-Antoinette. Papiers de Robespierre. Lettres du comte de Provence. *Bourloton, éditeur, s. d.* (1890) ; in-8, 50 pp.

Tirage à part du tome II des *Archives historiques, artistiques et littéraires* fondées et dirigées par MM. Bernard Prost et Eug. Welvert.

Historique, d'après les documents conservés aux Archives nationales, des perquisitions opérées en 1816 à Rambluzin (Meuse) au domicile de Courtois et des réclamations en restitution intentées par l'un de ses fils au gouvernement de Louis-Philippe.

Le principal résultat de ces perquisitions fut la saisie de la lettre écrite par la Reine à Madame Élizabeth, le matin même de son exécution, lettre interceptée par Fouquier-Tinville et trouvée par Courtois dans les papiers de Robespierre. Déposée depuis aux Archives nationales, elle a été, sous le titre de *Testament*, l'objet d'innombrables éditions (Voir t. Ier de ma *Bibliographie*, n°s 4180-4186). Voyez aussi les deux n[os] suivants.

13. — La dernière lettre de la reine Marie-Antoinette (16 octobre 1795), avec une notice historique sur la vie de cette princesse et sur les évènements de l'époque. *Paris, A. Courcier*, 1851; in-12, 2 ff., vii-52 pp. et 1 fac-similé de 3 pp. (*N.* Lb ^{48} 2888.)

On lit au verso du faux-titre l'avis suivant :
« L'original de cette lettre, original dont l'authenticité est constatée et sur lequel la trace des larmes de l'épouse infortunée de Louis XVI se trouve encore, est entre les mains de M. Garrigues, propriétaire à Poissy (Seine-et-Oise), qui se fera un devoir de le soumettre à toutes les personnes qui possèderont un exemplaire de la notice sur Marie-Antoinette ».

Suit la formule relative aux poursuites en cas de contrefaçon, apostillée de la griffe de l'auteur : V. A. GARRIGUES.

La brochure ne fournit d'ailleurs aucun détail sur la provenance et l'authenticité du document dont M. Garrigues croyait posséder l'original.

14. — Last days of Marie-Antoinette. An historical Sketch by lord RONALD GOWER. With portraits and facsimiles. *Londres, Kegan Paul, Trench and C*^{o}, 1885; in-4, 163 pp. (*N.* Lb ^{39} 11365.)

En regard du titre, portrait de Marie-Antoinette, héliogravure « from original original in the collection of the prince d'Aremberg, Brusselss ». Entre les pp. 130-131, fac-similé sur trois feuillets de la lettre de la Reine à Madame Élizabeth, photogravée d'après l'autographe des Archives nationales.

B. — PAMPHLETS SOUS FORME ÉPISTOLAIRE

15. — Mémoires justificatifs de la C^{sse} DE VALOIS DE LA MOTTE, écrits par elle-même. *Imprimés à Londres*, 1788; in-8, 232 et 46 pp. (*N.* Ln. ^{27} 11288. Réserve.)

P. 232, signature autographe de l'auteur. Les *Pièces justificatives* qui suivent et qui ont une pagination distincte sont en réalité une correspondance apocryphe entre la Reine et le cardinal de Rohan.

15 a. — Mémoires justificatifs de la comtesse DE VALOIS DE LA MOTTE écrits par elle-même. *Imprimés à Londres,* 1789; in-8, 1 f. et 260 pp. (*N.* Ln 27 11288 A.)

Les mots « Écrits par elle-même » sont en caractères italiques. Les *Pièces justificatives* sont comprises dans la pagination.

15 b. — Mémoire justificatif (*sic*) de la comtesse DE VALOIS DE LA MOTTE... *Londres,* 1789; in-8, 1 f. et 215 pp. (*N.* Ln 27 11288 B.)

Même remarque pour les *Pièces justificatives* qu'au n° précédent et aux trois nos suivants.

15 c. — Mémoires justificatifs de la comtesse DE VALOIS DE LA MOTTE... *Imprimés à Londres,* MDCCLXXXIX; in-8, 2 ff. et 204 pp. (*N.* Ln 27 11288 C.)

15 d. — Mémoires justificatifs de la comtesse DE VALOIS DE LA MOTTE... *Imprimés à Londres,* MDCCLXXXIX; in-8, 2 ff. et 258 pp. (*N.* Ln 27 11288 D.)

15 e. — Mémoires justificatifs de la comtesse DE VALOIS DE LA MOTTE, écrits par elle-même, avec figures. *S. l.,* MDCCLXXXIX; 2 vol. petit in-8. (*N.* Ln 27 11288 E.)

Les *Pièces justificatives* ont, à la fin du tome II, une pagination distincte.

Dans l'ex. de la B. N. il n'y a en fait de « figures » qu'un portrait anonyme, dont le modèle porte un vaste chapeau, et qui est placé en regard du titre de départ du tome I.

16. — Affaire du Collier. Mémoires justificatifs de la comtesse DE VALOIS DE LA MOTTE écrits par elle-même, avec figures. Préface par FÉLIX CAGNART. *Frison, éditeur, 15, rue du Croissant, s. d.* (1887); in-18, XIII-263 pp. (*N.* Ln 27 11288 *ter.*)

Le titre reproduit ci-dessus est celui de la couverture illustrée et tirée en bleu qui porte de plus : *Première édition.* Le titre du volume est : *Mémoires justificatifs... S. l.,* MDCCLXXXIX.

En regard du titre, copie du portrait au grand chapeau reproduit sur la couverture avec la scène dite du bosquet.

17. — Second Mémoire justificatif de la comtesse DE VALOIS DE LA MOTTE, écrit par elle-même. *Londres*, 1789 ; in-8, 78 pp. (*N.* Lb [39] 11289. Réserve.)

En regard du titre, frontispice anonyme avec cette légende : « Sois satisfaite, il va rejoindre Maurepas ».

P. 67-78, *Pièces justificatives*. Ce sont de nouvelles lettres de la Reine et du cardinal, soi-disant retrouvées à Bar-sur-Aube dans un secrétaire dont le secret avait échappé à toutes les perquisitions.

Le *Second Mémoire* a été réimprimé sous le titre de *Supplément à la Vie et Aventures de la comtesse de Valois*. Voyez le n° 19 ci-dessous.

18. — Vie et aventures de la comtesse DE VALOIS DE LA MOTTE, écrites par elle-même. Avec figures. *Londres*, 1793 ; in-12, 2 ff. et VIII-425 pp. (*N.* Ln[27] 11295. Réserve.)

En regard du titre, charmant portrait à l'aquatinte de la comtesse *de Valois de La Motte*. P. 78, autre pl. à l'aquatinte intitulée *le Bosquet*.

Réimpression des *Mémoires* de l'auteur, précédée du même *Appel au public* et suivie des mêmes *Pièces justificatives*.

Dans l'ex. de la B. N., cette réimp. est reliée avec un *Supplément* décrit sous le n° suivant.

19. — Supplément à la Vie et aux Aventures de la comtesse DE VALOIS DE LA MOTTE, suivi de quelques pièces intéressantes trouvées à la Bastille. *S. l.*, 1793 ; in-12, 100 pp. (*N.* Ln [27] 11295. Réserve.)

En regard du titre, portrait de *Marie-Antoinette, reine de France*, de trois quarts, en buste, épaules découvertes, haute coiffure de plumes.

Réimpression du *Second Mémoire* de Mme de La Motte, suivie de la correspondance apocryphe qui l'accompagne. Les *Pièces intéressantes*, soi-disant trouvées à la Bastille, sont au nombre de trois : les *Amours de Charlot et de Toinon*, dont il sera question plus loin; un *Noël* satirique sur la naissance du Dauphin :

> *Du Dauphin la naissance*
> *Enchantait tout Paris.*

Et des strophes sans titre commençant ainsi :

> *Votre patronne*
> *Fit un enfant sans son mari;*
> *Bel exemple qu'elle vous donne!* etc.

Réimpression, avec variantes et huit strophes ajoutées, de vers adressés par Boufflers et non par Voltaire (auxquels ils ont été souvent attribués) *à une jeune dame du nom de Marie qui se plaignait à Ferney de n'avoir point d'enfants.* On les trouvera sous leur première forme dans la dernière édition de la *Correspondance littéraire* de Grimm, janvier 1771, tome IX, p. 225.

20. — La Reine dévoilée, ou Supplément au Mémoire de Madame la comtesse DE VALOIS DE LA MOTTE. *Imprimé à Londres,* 1789 ; in-8, 144 pp. (*N.* Ln [27] 11290.)

ÉPIGR.
Dis les malheurs du peuple et les fautes des princes.
VOLTAIRE.

Collection de lettres apocryphes de la Reine et des principaux personnages de la Cour.

21. — Correspondance de la reine avec d'illustres personnages. *S. l.,* 1790 ; in-8, 144 pp. (*N.* Lb [30] 3638.)

On lit, page 7 : Pour servir de supplément aux *Mémoires de Mme de La Motte.*
Portrait de Mme de Polignac.

21 a. — Correspondance de la reine... *S. l.,* 1790 ; in-12, 126 pp. (*N.* Lb [39] 3638 A.)

Portrait de Mme de Polignac en contre-partie de celui de l'édition in-8.

22. — Lettre authentique de MARIE-ANTOINETTE, reine de France, à l'archiduchesse sa sœur, gouvernante des Pays-Bas, relativement à la révolution du Brabant

et à celle de France. *Paris, imp. des amis réunis, s. d.;* in-8, 8 pp. (*N.* Lb 39 4390. — *R.* AD. I, 75.)

23. — Grande lettre de la Reine adressée à M. Bailly (1791).

A propos de la fête pour l'achèvement de la constitution. Voyez tome Ier de la *Bibliographie*, no 3108.

24. — Lettre de la reine, envoyée au comte d'Artois (26 mai 1791) ; avec la réponse du comte d'Artois à la reine (1er juin 1791) ; trouvées sur la route de Compiègne, par un postillon, dans un petit portefeuille, avec d'autres intrigues que je ferai paraître. *Imp. de Valois, s. d.;* in-8, 8 pp. (*N.* Lb 39 4980.)

25. — Lettre de la reine au ci-devant prince de Condé, contenant tout le détail du complot et de la fuite du Roi, avec les noms de tous ceux qui trahissaient le peuple et qui ont trempé dans cette conspiration, laquelle lettre a été surprise et découverte chez la dame de Rochechouart, confidente de la reine. *S. l. n. d.;* in-8, 8 pp. (*N.* Lb 39 5084.)

25 a. — Lettre de la Reine au ci-devant prince de Condé... *Imp. Tremblay, s. d.;* in-8, 8 pp. (*N.* Lb 39 5084 A.)

26. — Lettre de la reine à l'empereur. Preuves de son attachement actuel à la constitution. Promesses satisfaisantes d'élever le prince royal selon les principes de la constitution et de se montrer toujours la mère de tous les Français. Invitation de sa part, à l'empereur, de ne point se mêler des affaires de France. *Imp. Granjon, s. d. ;* in-8, 8 pp. (*N.* Lb 39 5376.)

27. — Lettre de la reine à M. de Bouillé. *Paris, Piron, s. d.* (1791); in-8, 8 pp. (*N.* Lb 39 5565.)

28. — Lettre secrète et curieuse de MARIE-ANTOINETTE à Bouillé (8 août 1792).

Voyez tome Ier de la *Bibliographie*, no 3362.

§ II. — Particularités relatives à la personne et à la vie privée de Marie-Antoinette.

A. — ICONOGRAPHIE

29. — Notice sur Marie Stuart, reine d'Écosse, et sur Marie-Antoinette, reine de France, extraite du catalogue raisonné des portraits de M. CRAUFURD. *Paris, imp. Gratiot,* 1819; in-8, 68 pp. et 2 portraits.

D'après *le Quérard,* n° 250.

30. — Iconographie de Marie-Antoinette (1770-1793), par le B^{on} DE VINCK. *Bruxelles, Fr. J. Olivier,* 1878; in-8, 31 pp.

Liste de portraits groupés par ordre alphabétique de noms de graveurs et appartenant aux collections Mühlbacher et de la Béraudière, ainsi qu'à celle de l'auteur.

31. — Iconographie de la reine Marie-Antoinette. Catalogue descriptif et raisonné de la collection de portraits, pièces historiques et allégoriques, caricatures, etc., formée par lord RONALD GOWER, précédée d'une lettre de M. GEORGES DUPLESSIS, conservateur-adjoint à la Bibliothèque nationale. Ouvrage orné de nombreuses reproductions en noir et en couleur, d'après des originaux faisant partie de ses collections. *Paris, A. Quantin,* 1883; gr. in-8, xv-250 pp. (*N.* Lb[39] 11303.)

32. — Catalogue de l'exposition de Marie-Antoinette et son temps. Préface par M. GERMAIN BAPST. *Galerie Sedelmeyer,* 1894; in-8, 80 pp. (*N.* Lb[39] 11544).

P. 21. *Souvenirs personnels.* P. 41. *Tableaux et dessins.* P. 58. *Sculpture.* P. 64. *Ameublement.* P. 70. *Bronze et horlogerie.* P. 73. *Bijoux et miniatures.* P. 78. *Objets divers.*
Reproduction de portraits dans le texte.
On peut consulter sur le même sujet deux articles de M. HENRI BOUCHOT : *Marie-Antoinette et ses peintres,* dans les

Lettres et les Arts du 1er janvier 1887, p. 23-59, avec reproductions d'estampes et de dessins du temps, et *Marie-Antoinette était-elle jolie?* dans un recueil collectif publié à l'occasion du centenaire du 16 octobre 1793 et décrit plus loin.

B. — RÉSIDENCES ET DISTRACTIONS FAVORITES

33. — Le Palais de Trianon, histoire, description, catalogue des objets exposés sous les auspices de Sa Majesté l'Impératrice, par M. DE LESCURE, secrétaire de la commission d'organisation. *Paris, Henri Plon*, s. d. (1867); in-12, 2 ff., VII-246 pp. et 1 f. non chiffré.

Le feuillet non chiffré est celui de la table.
Dessins de H. CLERGET gravés sur bois hors texte et pl. d'après divers objets du cabinet de M. Léopold Double.

34. — Le Petit-Trianon, histoire et description, par GUSTAVE DESJARDINS, ancien archiviste du département de Seine-et-Oise. *Versailles, L. Bernard*, 1885; in-8, XVI-470 pp. et 21 pl. hors texte. (*N*. Lk⁷ 24503.)

Nombreux plans et fac-simile dans le texte.

35. — La Ville et la Cour au XVIIIe siècle. Mozart, Marie-Antoinette, les Philosophes, par ADOLPHE JULLIEN. *Paris, Édouard Rouveyre*, 1881; in-8, 5 ff. non chiff. et 208 pp. (*N*. Li²54.)

P. 61-104. *Marie-Antoinette musicienne*.

36. — ADOLPHE JULLIEN. La Comédie à la Cour. Les Théâtres de société royale pendant le siècle dernier. La Duchesse du Maine et les grandes Nuits de Sceaux. Madame de Pompadour et le théâtre des Petits-Cabinets. Le Théâtre de Marie-Antoinette à Trianon. *Paris, Firmin Didot et Cie*, s. d. (1885); in-4, 2 ff. et VII-323 pp. (*N*. 4° Yf. 18.)

Nombreuses illustrations.

C. — BIBLIOTHÈQUES

37. — **Livres du boudoir de la reine Marie-Antoinette.**
Catalogue authentique et original publié pour la première fois, avec préface et notes, par Louis Lacour.
Paris, J. Gay, s. d. (1862); in-18, 2 ff. et LXXVI-144 pp.
(*N.* Inv. Q. 926. Réserve.)

Tiré à 317 ex. (2 sur peau vélin, 15 sur papier de Chine, 300 sur papier de Hollande.)

Le manuscrit, reproduit et commenté par Louis Lacour, appartenait alors au département des imprimés de la Bibliothèque nationale qui l'acquit en 1839 à l'une des nombreuses ventes anonymes faites par Motteley. Il est passé depuis au département des Manuscrits où il a reçu la cote Fr. nouv. acq. 1699. C'est un petit in-4 remboîté dans une reliure frappée d'abord aux armes de la Dauphine, puis à celles de la Reine. La liste qu'il renferme est celle des livres que Campan avait distraits de la grande bibliothèque de Trianon pour les disposer dans un cabinet séparé.

Cette publication donna lieu à deux procès. Lacour, vivement attaqué par le *Mercure de France,* qu'un groupe d'écrivains légitimistes avait essayé de ressusciter, avait déposé, puis retiré une plainte contre l'auteur de l'article, M. Jean-Louis Restout, *dit* Du Coudray ; mais, par mesure reconventionnelle, les rédacteurs du *Mercure* l'attaquèrent à raison du préjudice que cette plainte avait causé au journal, et, sur la plaidoierie de M° Baze, obtinrent gain de cause. On peut lire au sujet de cette singulière affaire un article de M. de Lescure intitulé : *Marie-Antoinette à la 6° chambre,* dans le *Figaro* du 18 janvier 1863.

En même temps, M. Taschereau, directeur de la Bibliothèque impériale, poursuivait les éditeurs pour avoir reproduit sans autorisation préalable un manuscrit appartenant à l'État. Le tribunal n'admit point les arguments présentés par le ministère public et, le 22 mai 1863, acquitta Gay et Lacour. Celui-ci a recueilli les pièces de ce second débat dans la plaquette décrite sous le n° suivant et qui n'a pas été, je crois, mise dans le commerce.

38. — Procès relatif à la publication du catalogue intitulé « Livres du boudoir de Marie-Antoinette », pré-

tendue contrefaçon imputée aux éditeurs sur la plainte de M. J. Taschereau, directeur de la Bibliothèque impériale. Réquisitoire de M. Hémon. Plaidoyer de Mᵉ Gallien. Jugement en faveur de M. Gay, éditeur, et de M. Louis Lacour, auteur de la publication. Extrait de la « Gazette des tribunaux ». *Paris, au bureau, rue du Foin-Marais, 6,* 1864 ; in-8, 48 pp.

On lit p. 48 : « Achevé d'imprimer le 30 juin 1864, offert à M... — Louis Lacour ». Le « bureau » mentionné dans la rubrique n'était point celui de la *Gazette,* mais le domicile de Lacour.

39. — Bibliothèque de la reine Marie-Antoinette au Petit-Trianon, d'après l'inventaire original dressé par ordre de la Convention, catalogue avec des notes du marquis de Paulmy, mis en ordre et publié par Paul Lacroix, conservateur de (*sic*) la bibliothèque de l'Arsenal. *Paris, Jules Gay,* 1863; in-12, xxviii-128 pp. (*N.* Inv. Q 927. Réserve.)

Tirage identique à celui des *Livres du boudoir.*

Au premier abord le contexte du titre adopté par Paul Lacroix ne laisse pas que de surprendre, car on ne s'explique point comment le marquis de Paulmy, mort en 1786, aurait pu annoter un catalogue rédigé par ordre de la Convention. Dans sa préface en forme de lettre à Jules Janin, l'auteur nous donne la clé de cette énigme. La bibliothèque de la Reine à Trianon renfermait un grand nombre de romans qu'on retrouve d'ailleurs dans toutes les collections du temps, entr'autres dans celle de l'Arsenal dont le premier possesseur, le marquis de Paulmy, apostillait volontiers de ses remarques les livres qu'il lisait, voire même de simples catalogues de ventes (cf. *Bulletin du Bibliophile* de 1857). De plus, en reproduisant ces notes, le bibliophile Jacob, au lieu de publier intégralement la copie (appartenant aussi à l'Arsenal) du *Catalogue des livres provenant de chez la femme Capet au Petit Trianon,* avait reclassé selon les règles traditionnelles cette simple liste alphabétique et, par suite de ce remaniement, dix-sept ouvrages, conservés aujourd'hui à la bibliothèque publique de Versailles, lui avaient échappé. Ils ont été restitués par M. G. Desjardins dans la reproduction qu'il a donnée à son tour du travail des commissaires chargés d'inventorier les palais royaux (Voyez *le Palais de Trianon*, pp. 408-461).

40. — Bibliothèque de la reine Marie-Antoinette au château des Tuileries. Catalogue authentique publié d'après le manuscrit de la Bibliothèque Nationale, par E. Q. B. (E. QUENTIN-BAUCHART). *Paris, Damascène Morgand*, 1884 ; in-18, 2 ff. xxi et ix-118 pp., plus 1 f. non chiffré (Table des divisions). (*N.* 8⁰ Q 914.)

Reproduction intégrale du catalogue manuscrit portant la cote Fr. 13001 au département des mss. de la B. N. Outre ce répertoire usuel, le même département conserve un second catalogue alphabétique des titres de la bibliothèque des Tuileries, avec table des noms d'auteurs et renvois à leurs ouvrages (Fr. nouv. acq. 2512-2513).

M. Quentin-Bauchart a depuis donné dans son ouvrage sur *les Femmes bibliophiles* (2 vol. pet. in-4, tome II, p. 225-294, D. Morgand, 1886), une liste de livres provenant de la Reine et appartenant soit à des établissements publics, soit à des particuliers. Ceux des Tuileries ont passé à la Bibliothèque Nationale et sont répartis dans ses nombreuses divisions ; ceux de Trianon (y compris les livres dits du Boudoir) appartiennent en majeure partie à la bibliothèque publique de Versailles, où ils sont conservés dans un meuble spécial ; d'autres se retrouvent à la bibliothèque de la préfecture de Seine-et-Oise, au lycée de Versailles (*Encyclopédie*, éd. de Lausanne, 72 vol.), aux bibliothèques de Bourges et de Périgueux, auxquelles ils avaient été attribués lors de la formation des écoles centrales, enfin chez divers bibliophiles. Cette provenance très recherchée a donné lieu, dit-on, à une spéculation contre laquelle les amateurs doivent se tenir en garde : le fer aux armes de la Reine a été habilement copié et frappé sur des livres qui ne figurent sur aucun de ces inventaires.

La dénomination de « bibliothèque des Tuileries », consacrée par l'usage, est néanmoins tout à fait erronée. Comment admettre en effet que la Reine qui, avant les journées d'octobre, n'avait *jamais* séjourné aux Tuileries, — pas même lors des fêtes données par la Ville en 1782, pour la naissance du premier Dauphin, — y eût trouvé, toute installée et répertoriée, une bibliothèque relativement considérable ? A Versailles, au contraire, un local spécial et qui existe encore sous la même désignation, était réservé à cet emploi. Or c'est cette bibliothèque qui, au moment du retour de la famille royale à Paris, fit partie du déménagement. Aussi, lors d'une visite domiciliaire du palais de Versailles en janvier 1791, les commissaires de la section des Champs-Élysées (cf. ma *Bibliographie*, n° 7980) constatèrent que cette bibliothèque était « sans livres » et que « quelques feuilles de musique en garnissaient les tablettes ». Par suite les membres de la commission temporaire des arts ne purent inventorier au château de Versailles, en 1792, que les ex. en nombre de divers ouvrages auxquels la Reine avait souscrit, tels que les *Mémoires* de Goldoni (41 ex.), les *Œuvres* de Metastase (23 ex.), et *la Gerusalemme liberata* du Tasse, illustrée par Cochin (17 ex.).

D. — MODES ET MOBILIER

41. — Modes et usages au temps de Marie-Antoinette, par le comte DE REISET, ancien ministre plénipotentiaire. Livre-journal de Madame ÉLOFFE, marchande de modes, couturière-lingère ordinaire de la Reine et des dames de sa Cour. Ouvrage illustré de près de 200 gravures dont 11 grandes planches, 60 coloriées. *Paris, Firmin Didot et C*^{ie}, 1885; 2 vol. in-4. (N. Li⁷ 45.)

Le titre du tome II porte en plus : *Les Amies de la Reine. La Reine à la Conciergerie. Sa mort.* A la fin de chaque volume il y a une table des planches.

§ III. — Vie publique, règne et mort de Marie-Antoinette (1770-1793).

A. — CORRESPONDANCES SECRÈTES, MÉMOIRES AUTHENTIQUES ET APOCRYPHES.

42. — Correspondance secrète du comte de MERCY-ARGENTEAU avec l'empereur JOSEPH II et le prince DE

Kaunitz, publiée par M. le chevalier Alfred d'Arneth, directeur des Archives de la Maison, de la Cour et de l'État d'Autriche, et M. Jules Flammermont, professeur d'histoire à la faculté des lettres de Lille. *Paris, Imp. Nationale,* 1889-1891 ; 2 vol. in-8.

L'*Introduction* formant lxxxviii pp., a été publiée postérieurement à l'apparition du tome II et en un fascicule séparé. Il n'existe point de table analytique ou onomastique pour l'ensemble de l'ouvrage, mais le contenu de chaque lettre est sommairement indiqué à la table des matière des deux volumes.

Cette publication fait partie de la nouvelle série des Documents inédits sur l'histoire de France entreprise sous les auspices du ministère de l'Instruction publique.

43. — Marie-Antoinette, Louis XVI et la famille royale. Journal anecdotique tiré des « Mémoires secrets pour servir à l'histoire de la république des lettres ». Mars 1763-février 1782. *Paris, Henry,* 1866 ; in-18, xxiv-264 pp. (*N.* Lb[39] 6220.)

L'avertissement sans titre (pp. v-x) est daté d'avril 1866 et signé : Ludovic Lalanne.

44. — Correspondance secrète inédite sur Louis XVI, Marie-Antoinette, la cour et la ville, de 1777 à 1792, publiée d'après les manuscrits de la Bibliothèque impériale de Saint-Pétersbourg, avec une préface, des notes et un index alphabétique, par M. de Lescure. *Paris, Henri Plon,* 1866 ; 2 vol. in-8. (*N.* Lb[39] 6180).

Publiée sur une copie exécutée par M. V. de Porochine, ancien professeur de l'Université de Saint-Pétersbourg, d'après un manuscrit provenant de la bibliothèque Zaluski incorporée en 1795 à la Bibliothèque impériale de Russie et comprenant cinq volumes in-4 intitulés : *Bulletins de Versailles,* 1777-1782.

Par une série d'inductions plus ou moins plausibles, l'éditeur s'est efforcé d'établir que la paternité de cette correspondance, adressée, selon lui, à Stanislas Poniatowski, pouvait être attribuée à Jean-Louis Favier (mort en 1784), chef de la correspondance secrète dirigée par Louis XV, et à Du Bucq, premier commis de la marine sous le ministère Choiseul. Rien absolument ne justifie ces conjectures en ce qui touche la personnalité du rédacteur ou celle du destinataire. Le manuscrit de Saint-Pétersbourg est de la main d'un copiste, et toute trace d'envoi a disparu.

M. de Lescure ignorait d'ailleurs qu'il existe au moins deux autres copies de cette correspondance, l'une à la Bibliothèque Royale de Berlin, l'autre retrouvée en Suède il y a quelques années.

Durant un très court séjour à Berlin et en raison du règlement suranné appliqué à la communication des manuscrits de la Bibliothèque Royale, je n'ai pu procéder qu'à un examen fort rapide du premier de ces recueils, également intitulé *Bulletins de Versailles,* et je me suis assuré que s'il présentait une analogie évidente avec le mss. de Saint-Pétersbourg, il offrait aussi des additions et des lacunes dont un nouvel éditeur aurait à tenir compte. Dans le texte transcrit par M. de Porochine manquent les mois de mars, avril, mai, juin 1779, le mois de novembre 1781, les années 1783 et 1784 tout entières et, en le comparant à la copie dite de M. de Kageneck, j'y ai noté diverses autres lacunes partielles. Voyez le n° suivant.

45. — Lettres de M. de Kageneck, brigadier des gardes du corps, au baron Alströmer, conseiller de commerce et directeur de la compagnie des Indes à Gothembourg, sur la période du règne de Louis XVI de 1779 à 1784, affaires politiques, la Cour et la Ville, mœurs du temps, publiées avec une préface, par L. Léouzon Le Duc. *Paris, G. Charpentier et Cie,* 1884 ; in-8, 2 ff. et xiii-528 pp. (*N.* Lb ^{39} 11327.)

Les originaux de ces lettres rapportés de Suède par M. Henri Fournier, ancien ministre plénipotentiaire, sont tous cachetés aux armes de Kageneck, d'où l'éditeur a conclu qu'elles émanaient de ce personnage. Fils de Jacques-Armand de Kageneck et de Françoise de La Morlière, Jacques-Bruno de Kageneck, né à Paris le 18 juin 1734, fut admis à quinze ans parmi les pages; entré en 1751 aux gardes du corps (compagnie écossaise), il obtint en 1779 le grade de brigadier et prit sa retraite en 1783. Dans sa préface, M. Léouzon Le Duc insiste sur les facilités de tout voir et de tout savoir que donnait à Kageneck sa situation près de la cour, fait observer que les dates de ces lettres (1779-1782) coïncident précisément avec celles de ses années de service, qu'elles font défaut pour l'année 1783, époque de sa retraite, et que les quatre dernières sont écrites de Paris où il s'était retiré. « Sans exagérer l'importance de ces lettres, ajoute-t-il, nous ne craignons pas d'affirmer qu'elles pourront rivaliser avantageusement avec toutes les publications analogues relatives à la même période de notre histoire ». Or, il aurait suffi à M. Léouzon Le Duc de jeter les yeux sur une de ces « publications analogues », mentionnées dans une note que lui avaient fournie son fils et M. Lucien Faucou, pour s'assurer que les prétendues lettres de Kageneck n'étaient, en réalité, qu'un duplicata d'une partie de la correspondance décrite sous le précédent numéro. Ni le cachet apposé par l'expéditeur, ni le nom du destinataire ne sauraient infirmer cette constatation. Souscripteur, comme beaucoup d'autres personnages du temps, de l'une de ces correspondances secrètes dont le mutisme des organes officiels assurait la fortune, le baron Alströmer avait chargé Kageneck de lui faire tenir celle-ci sous forme de lettres particulières, et le cachet, encore intact, adhérent au revers des enveloppes, n'a pas assurément d'autre signification. Les deux recueils, qu'on me permettra de désigner par les lettres K et L, ne sont pas toutefois absolument semblables, et la collation attentive à laquelle je me suis livré m'a amené à constater les différences suivantes :

1779. — Les six premières lettres du recueil K (datées du 10 juillet au 13 septembre) manquent dans L qui a en plus celle du 16-19 août, ainsi que les lettres 8-11 (26 septembre-17 octobre). La dernière phrase de la lettre des 5-10 décembre manque dans L.

1780. — Les nos 22-55 (1er janvier-22 août) du recueil K manquent totalement dans L, ainsi que la lettre du 20 septembre (K 60). La lettre chiffrée 70 dans K est, par erreur évidente, datée du 12 mars et non, comme elle l'est dans le recueil L et le doit être, du 8 décembre.

1781. — Dans le recueil K la lettre 82 (L 9) des 26-28 février se termine par deux pièces satiriques attribuées à Voltaire et supprimées par M. de Lescure : un conte intitulé *le Moliniste et le Janséniste* :

> Père Simon, doucereux moliniste,
> Frère Augustin, sauvage janséniste.

et une épigramme :

> Usé du jeu que pratiquait Socrate,
> Un loyoliste auprès d'une béate...

Les lettres K 97 (12-16 juin), 102 (17-19 juillet), 116 (18-23 octobre), 118 à 122 (30 octobre-8 décembre) manquent dans L qui a en plus une lettre chiffrée 28 des 14-17 juillet.

1782. — Les lettres K 127 (7-12 janvier), 143-146 (1er-19 mai), 148 (1er-9 juin), 152-155 (2-26 juillet), 174 (2-6 décembre) manquent dans L qui a en plus deux lettres chiffrées 38-39 (25-27 novembre et 15-17 décembre). Dans les lettres K 151-L 19, K 164-L 28, K 172-L 36, il y a aussi, aux premiers et aux derniers paragraphes, des divergences à noter.

L'année 1783 manque dans les deux recueils et l'année 1784 n'est représentée dans le recueil K que par quatre lettres (175-178, 6 février-5 mars). On a vu plus haut que la copie de Saint-Pétersbourg ne reprend qu'au 26 janvier 1785. A part quelques variantes insignifiantes et provenant des copistes, à part aussi quelques noms mal lus par le second éditeur, les deux publications font donc, comme on le voit, double emploi pour la majeure partie des années qu'elles embrassent. M. Léouzon Le Duc n'a joint à son texte ni notes ni index ; l'édition de M. de Lescure comporte un trop petit nombre de notes et une table analytique quelque peu prolixe.

---

46. — Mémoires concernant Marie-Antoinette, archiduchesse d'Autriche, reine de France, et sur plusieurs époques importantes de la Révolution française, depuis son origine jusqu'au 16 octobre 1793, jour du martyre de Sa Majesté ; suivis du récit historique du procès et du martyre de Mme Élizabeth, de l'empoisonnement de Louis XVII dans la tour du Temple, de la délivrance de Madame royale, fille de Louis XVI, et de quelques événements ultérieurs, par JOSEPH

WEBER, frère de lait de cette infortunée souveraine, ci-devant employé dans le département des finances de France et aujourd'hui pensionnaire de S. A. R. Monseigneur le duc Albert de Saxe-Teschen. *A Londres, imp. Daponte et Vogel. Se trouve chez l'auteur, n° 40, Leicester square, et chez tous les principaux libraires de l'Europe*, 1804-1809 ; 3 vol. gr. in-8. (*N*. Lb [39] 77.)

ÉPIGR.

Quæque ipse miserrima vidi.

VIRG.

Tirage sur papier fort, orné de pl. gravées avec plus de luxe que de souci de la vérité historique.

Tome Ier, en regard du titre de départ : Marie-Antoinette, reine de France et de Navarre, née 2 nov. 1755 (EDW. STROEHLING *pinx.*, L. SCHIAVONETTI *pinx.*). P. 42-43, Marie-Thérèse-Charlotte d'Angoulême de France, duchesse d'Angoulême, née le 19 déc. 1778 (mêmes artistes). P. 162-163, Louis XVI (F. BOZE *pinx.* L. SCHIAVONETTI *sculp.*). P. 404, Louis XVII, roi de France et de Navarre (ED. STROEHLING *pinx.* SCHIAVONETTI *sculp.*).

Tome II, en regard du titre de départ : Louis XVII, roi de France (EDW^d STROEHLING *pinx.* L. SCHIAVONETTI *sculp.*). P. 124, Charles-Philippe de France (H. DANLOUX *pinx.* L. SCHIAVONETTI *sculp.*). P. 306-307, Marie-Joséphine-Louise de Savoie, reine de France et de Navarre (sic) (*Pinted at Versailles*. L. SCHIAVONETTI *sculp.*).

Tome III, en regard du titre : Louis-Antoine de France, duc d'Angoulême (H. DANLOUX *pinx.* L. SCHIAVONETTI *sculp.*). P. 98-99, pl. allégorique, signée : F. WEBER *inv.* 1790, P. AUDINET *sculp.*, représentant la couronne et les fleurs de lys avec cette légende : « Lâche qui les abandonne ». P. 198, Élisabeth-Philippine-Marie-Hélène de France, née le 3 may 1764 (EDW^d STROEHLING *pinx.* LOUIS SCHIAVONETTI *sculp.*). P. 400, circulaire adressée par Weber à ses souscripteurs (l'ex. de la B. N., adressé au prince de Condé, porte des corrections manuscrites). Cette circulaire annonçait un supplément paginé en chiffres romains, intitulé : *Notes biographiques des chapitres V et VI*, suivies elles-mêmes de *Notes et Développements historiques* (cvi pp.).

47. — Memoirs of Maria-Antoinetta, archduchess of Austria, queen of France and Navarre, including several important periods of the french revolution, from its origin to the 16 th of october 1793, the day of Her Majesty's martyrdom; with a narrative of the trial and martyrdom of madame Élizabeth, the poisoning of Louis XVII in the Temple; the liberation of Madame royale, daughter of Louis XVI; and various subsequent events. By Joseph Weber, foster-brother of the unfortunate queen... Translated from the french, by R. C. Dallas, esq. *London, sold by the author*, 1805-1806 ; 3 vol. in-8. (*N*. Lb^{39} 79.)

Mêmes portraits que dans l'édition française.

D'après le catalogue imprimé du British Museum, le tome II avait été traduit par R. May et le tome III par Mrs Jevers. Ce dernier volume manque dans l'ex. de la B. N.

48. — Mémoires concernant Marie-Antoinette, archiduchesse d'Autriche et reine de France et de Navarre, par Weber, frère de lait de la Reine. Nouvelle édition. *Paris, Baudouin frères*, 1822 ; 2 vol. in-8. (*N*. Lb^{39} 78.)

L'*Avant-propos* de Barrière établit d'abord que les *Mémoires* de Weber ayant paru à l'étranger, un petit nombre d'exemplaires aussitôt saisi avait passé la frontière, et ce serait même sur le seul ex. échappé à la police impériale que cette réimpression aurait été effectuée. Puis l'éditeur fait observer qu'il y a dans le texte des disparates trop évidents pour qu'il soit sorti tout entier de la même plume et désigne, par une allusion fort claire pour les contemporains, le marquis Gérard-Trophime de Lally-Tolendal comme le principal coopérateur de Weber. Mais la « prolixité rebutante » d'autres parties de ces *Mémoires* avait amené le nouvel éditeur à faire des retranchements nombreux; de plus, il avait rectifié dans les notes des jugements « trop peu impartiaux » et ajouté en appendice diverses pièces justificatives. Weber protesta aussitôt contre les mutilations infligées au livre qui portait son nom. Voyez le n° suivant.

49. — Cour royale. Chambre des appels de police correctionnelle. 8 avril 1823. Appel du chevalier de WEBER contre les frères Baudouin, imprimeurs. *Imp. Vve Porthmann, s. d.* ; in-4, 15 pp. (N. 4° F³ 33006.)

Le mémoire est contresigné par M. MESTADIER, conseiller rapporteur, Me BERRYER père, avocat plaidant, Me SORBET, avoué.
Après avoir dénoncé la « manœuvre frauduleuse » dont il était victime, par l'annonce d'une nouvelle édition de son livre, quand la sienne était loin d'être épuisée, — il lui restait, paraît-il, 800 ex. en feuilles représentant une valeur de 75.000 fr., — Weber protestait contre « la plus odieuse diffamation », puisque l'avant-propos de Barrière lui déniait ses droits d'auteur sur ses mémoires originaux et jusqu'à la qualité de sujet français. Les lettres de naturalité de Weber avaient été en effet enregistrées au *Bulletin des Lois* du 25 mars 1817 et, le 18 août 1818, la Cour royale avait entériné les lettres de noblesse que lui accordait Louis XVIII. Weber réclamait en outre contre les suppressions, les adjonctions et les altérations dont ses *Mémoires* avaient été l'objet et qui en dénaturaient le fond et la forme.
Malgré la plaidoierie de P.-N. Berryer, il fut débouté de sa plainte, les frères Baudouin ayant produit à l'audience une lettre de Lally-Tolendal par laquelle il reconnaissait avoir rédigé, d'après ses souvenirs personnels et ceux du duc de Choiseul, ce qui concernait l'intérieur de la Reine, et d'après un petit nombre de notes de Weber, l'avant-propos et les trois premiers chapitres. Barbier ajoute (table de la 2e éd. des *Anonymes*, v° *Lally-Tolendal*) qu'à partir de la p. 359, le premier volume (édition originale) était l'œuvre « d'un écrivain de Paris voué à des principes en opposition avec ceux de Lally (?) ». Peuchet, dans une note inscrite sur son ex. (voir le catalogue de sa vente posthume), désigne au contraire comme second collaborateur « ce fou de PELTIER ».
Sous ce titre : *Ma bibliothèque française* (imp. Claye, 1855, in-12), la librairie Hector Bossange avait fait rédiger par Hipp. Cocheris un répertoire de livres courants à l'usage de ses

correspondants d'Amérique. Dans la nomenclature de la première collection Barrière figuraient sous les n°s XIV et XV (bien que cette collection ne fût pas tomée), des *Mémoires de* Meslier *(sic) concernant Marie-Antoinette* qui avaient fort intrigué Quérard. Il est évident qu'un lapsus typographique a transformé *Weber* en Meslier, et je ne relève la méprise de Quérard que pour montrer combien les plus expérimentés bibliographes sont sujets à l'erreur.

50. — Mémoires de Weber, frère de lait de Marie-Antoinette, avec avant-propos et notes par M. Fs. Barrière. *Paris, Firmin Didot frères,* 1847 ; in-12, 2 ff. et 520 pp. (*N.* L ^{45} 24.)

Le faux-titre porte : *Bibliothèque des Mémoires relatifs à l'histoire de France pendant le 18e siècle...* Tome VII.

A l'exception d'une partie de l'avant-dernier et du dernier paragraphes, l'*Avant-propos* de cette édition est entièrement différent de celui de 1822 et celui de l'auteur est supprimé ; mais le texte est bien le même que celui de l'édition Baudouin.

51. — Marie-Antoinette, reine de France et de Navarre. Extrait des Mémoires de Weber, continués depuis la journée du 10 août 1892 (*sic*) jusqu'à la mort de la Reine, par M. l'abbé Orse. *Paris, Adrien Leclère, s. d.* (1855) ; in-18, 216 pp. (*N.* Inv. Z. 42938.)

Bibliothèque de la famille... 25e livraison.

---

52. — Mémoires sur la vie privée de Marie-Antoinette, reine de France et de Navarre, suivis de souvenirs et anecdotes historiques sur les règnes de Louis XIV, de Louis XV et de Louis XVI, par Mme Campan, lectrice de Mesdames et première femme de chambre de la Reine. *Paris, Baudouin frères,* 1822 ; 3 vol. in-8. (*N.* Lb ^{39} 86.)

Le faux-titre porte : *Collection des mémoires relatifs à la Révolution française.*

52 ª. — Mémoires sur la vie privée de Marie-Antoinette... par Mme CAMPAN... Deuxième édition. *Paris, Baudouin frères,* 1823 ; 3 vol. in-8. (*N.* Lb ^{39} 86 A.)

En regard du titre du tome Ier, portrait gravé de Mme Campan, signé : M. F. DIEN *sculp^t*.

Le texte est identique comme tirage à celui du n° précédent. Il en est de même de ceux qui portent : 3ᵉ édition, *P. Mongie l'aîné ; Baudouin frères,* 1823 ; 4ᵉ édition, *Baudouin frères,* 1823, avec la mention : mis en ordre et publiés par M. BARRIÈRE.

52 ᵇ. — Mémoires sur la vie privée de Marie-Antoinette... par Mme CAMPAN... publiés et mis en ordre par F. BARRIÈRE. *Paris, Baudouin frères,* 1826 ; 3 vol. in-8. (*N.* Lb ^{39} 86 E.)

Le texte est réimprimé.

52 ᶜ. — Mémoires sur la vie privée de Marie-Antoinette... par Mme CAMPAN... Cinquième édition. *Paris, Baudouin frères,* 1823 ; 2 vol. in-12. (*N.* Uu 2099-2100.)

En regard du titre du tome Ier, portrait de Mme Campan (FAUCHERY *del^t et sculp^t*).

En regard du titre du tome II, portraits dessinés et gravés par le même, sur une seule pl., de Marie Leczinska, Marie-Thérèse, Marie-Antoinette, Madame Victoire, Madame Louise, la comtesse d'Artois, la duchesse d'Angoulême et Madame Élizabeth.

52 ᵈ. — Mémoires sur la vie de Marie-Antoinette, reine de France et de Navarre, suivis de souvenirs et anecdotes historiques sur les règnes de Louis XIV, de Louis XV et de Louis XVI, par Mme CAMPAN, lectrice de Mesdames, première femme de chambre de la Reine et depuis surintendante de la maison d'Écouen, avec une notice et des notes par M. Fs. BARRIÈRE. *Paris, Firmin-Didot frères,* 1849 ; in-12, 488 pp. (*N.* L ^{45} 24.)

Le faux-titre porte : *Bibliothèque des Mémoires relatifs à l'histoire de France pendant le 18ᵉ siècle.* Tome X.

53. — Observations sur les Mémoires de Mme Campan, par M. le baron d'Aubier, gentilhomme ordinaire de la chambre du roi, chambellan ordinaire de S. M. le Roi de Prusse, colonel, chevalier de Saint-Louis, officier de la Légion d'honneur et de l'Ordre royal de l'Aigle-Rouge de Prusse de seconde classe. *Imp. Rignoux*, 1823 ; in-8, 59 pp. (*N.* Lb 39 87.)

53 a. — Observations sur les Mémoires de Mme Campan, par M. le baron d'Aubier... *Paris, C.-F. Trouvé*, 1823; in-8, 2 ff. et 70 pp. (N. Lb 39 87 A.)

54. — Jules Flammermont, professeur à la Faculté des lettres de Poitiers. Études critiques sur les sources de l'histoire du xviiie siècle. I. Les Mémoires de Mme Campan. (Extrait « du Bulletin de la Faculté des lettres de Poitiers ».) *Paris, Alph. Picard*, 1886 ; in-8, 43 pp.

55. — Mémoires de M. le duc de Lauzun. *Paris, Barrois aîné*, 1822 ; in-8, 2 ff., xx-399 pp. (*N.* Ln 27 11752).

La B. N. conserve dans la Réserve et sous la même cote un autre exemplaire avec portrait rapporté, lettre autographe de la duchesse Des Cars au prince de Talleyrand, pour le remercier d'avoir déclaré ces Mémoires supposés, et des notes manuscrites dans lesquelles on a rétabli les passages supprimés et les noms propres désignés par des initiales. Ce fut seulement, en effet, au prix de ces mutilations que Barrois obtint de mettre en vente ce livre aussitôt argué de faux par les intéressés et leurs caudataires. Il y aurait eu, ce semble, un moyen bien simple de confondre les prétendus imposteurs : puisque la famille du duc et son ami M. de Talleyrand reconnaissaient que Lauzun avait bien réellement laissé des *Mémoires* personnels et puisque Mme Gay (dont l'intervention en cette affaire demeure inexpliquée pour nous) faisait annoncer que « dépositaire du ms. depuis quinze ans », elle l'avait confié à un notaire « pour qu'il ne fût ni perdu, ni imprimé », pourquoi ne pas faire sortir un instant de l'ombre tutélaire où il se cachait le texte authentique et en détacher quelques pages qui eussent dévoilé la supercherie ? On préféra traiter la publication de Barrois de « sale roman » et s'étonner que la police de Louis XVIII laissât circuler « des ouvrages antiroyalistes et antireligieux que les ministres de l'usurpateur lui-même envoyaient au pilon ». (*Gazette de France*, 1er janvier 1822.)

D'où venait donc ce manuscrit dont Barrois avait risqué la mise au jour ? De toutes les versions qui circulèrent alors sur sa mystérieuse origine, la plus plausible est celle que lui prêtèrent Salgues, ex-censeur de la police impériale, devenu le collaborateur de Martainville au *Drapeau blanc*, et son ancien chef, Savary, duc de Rovigo, ministre de la police de 1810 à 1814. D'après Salgues (*Drapeau blanc*, du 21 décembre 1821), le libraire Buisson lui aurait soumis une copie « défectueuse » (comment pouvait-il le savoir?) des *Mémoires* en lui demandant conseil sur l'opportunité de la publication. Salgues l'en aurait détourné, ainsi que son collègue Lacretelle aîné, également consulté ; mais Savary, avisé de cette communication officieuse, chargea son subordonné, le général de Pommereul, d' « emprunter » à Buisson son manuscrit contre récépissé et, après avis préalable de la commission de censure, étrangère à celle de la librairie, le susdit manuscrit fut « classé » avec ceux de la même espèce. Du propre aveu de Salgues, Buisson réclama « cent fois » contre cette spoliation et mourut avant d'avoir obtenu gain de cause.

A ces détails, le *Journal des Débats* du 13 janvier 1822 en ajouta d'autres qui ne furent point démentis par la presse royaliste. Selon lui, le manuscrit des *Mémoires* avait été « présenté » à « Bonaparte » par Savary de la part d'un ami de Lauzun. « Si je laisse publier ceci, aurait dit l'empereur, tout Paris jettera les hauts cris ; donnez 40,000 fr. à cet homme et je garderai le manuscrit ». Il aurait été, en effet, retrouvé dans ses papiers en 1814. Comment un pamphlétaire aussi décrié que Lewis Goldsmith en obtint-il communication en 1817, lors d'un de ses séjours à Paris, de la main d'un personnage des plus qualifiés *(by a nobleman of very high caracter)* ? C'est ce que les *Débats* n'auraient pas dit s'ils l'avaient su. Toujours est-il qu'à partir du 30 juillet 1818, Lewis Goldsmith publia dans trente numéros consécutifs de son journal, *The British monitor*, la traduction des *Mémoires*, en ayant soin toutefois d'omettre un grand nombre de passages « indécents ». Ces passages visaient, non Marie-Antoinette et son entourage, mais des « dames anglaises du plus haut rang encore vivantes », comme le fit remarquer un correspondant de la *Quotidienne* (14 janvier 1822).

Selon le plus récent biographe de Lauzun, M. Gaston Maugras (*Le Duc de Lauzun et la Cour de Louis XVI*, 1893, in-8), le manuscrit original aurait été saisi, puis détruit sous les propres yeux de Napoléon, non pas toutefois avant que la reine Hortense n'en eût obtenu communication pour quelques jours durant lesquels on se hâta de le faire transcrire et c'est sur cette copie qu'aurait été donnée l'édition de 1822.

Quérard a prétendu que Louis XVIII, dans une pensée de ressentiment contre sa belle-sœur, avait tacitement autorisé ce que Napoléon avait défendu ; quelle que soit la valeur de cette allégation, dont il faut lui laisser la responsabilité, il est constant que diverses copies des *Mémoires* circulaient à Paris dans les premières années de la Restauration et qu'en 1818 il fut question d'imprimer l'une d'elles. C'est alors que Talleyrand adressa, le 25 mars, au *Moniteur* un désaveu préventif, inséré le surlendemain et réimprimé sur l'original dans *l'Amateur d'autographes* de 1863, p. 382. Ni cette protestation, ni celle du duc de Choiseul (*Moniteur* du 22 décembre 1821), ni, à plus forte raison, celles de Mmes Campan et de Genlis, ne persuadèrent le public et la question d'authenticité n'a même plus été soulevée depuis lors. La critique historique n'a pas à se prononcer sur l'exactitude des dires de Lauzun touchant ses innombrables bonnes fortunes, mais elle a qualité pour constater que les faits et les dates allégués par lui dans ses campagnes de Corse et d'Amérique sont d'une scrupuleuse exactitude, qu'un arrangeur eut donné à ces *Mémoires* un tour plus littéraire et qu'ils sont demeurés inachevés, car ils s'interrompent au moment où l'auteur reçut l'ordre de ramener en France les troupes envoyées au secours des *insurgents* (1783).

55 ^{a}. — Mémoires de M. le duc DE LAUZUN. Seconde édition. *Paris, Barrois l'aîné*, 1822 ; 2 vol. in-12 (*N.* Ln^{27} 11752 A.)

On lit au verso du titre de chaque volume :

« En terminant cette édition, nous croyons devoir avertir le public de se tenir en garde contre toute contrefaçon des *Mémoires* de M. le duc de Lauzun que l'on annoncerait avec des augmentations. Les *Mémoires* que nous avons publiés sont *conformes au manuscrit de l'auteur* et les seuls véritables. Toutes les contrefaçons que l'on pourra annoncer avec des augmentations seront falsifiées, ces additions n'appartenant point à l'auteur et n'étant puisées que dans les *Mémoires* de Bachaumont ou autres ouvrages du temps ».

Cette note n'était qu'à moitié exacte, puisque l'éditeur avait dû pratiquer dans les deux tirages des coupures moins importantes en somme qu'on aurait pu le supposer, ainsi qu'on put en juger lorsque Taschereau en eut rétabli le texte dans la *Revue rétrospective* (1re série, tome Ier, 1833, pp. 84-101). C'est de cette version ainsi complétée que Sainte-Beuve se servit pour consacrer à Lauzun l'une de ses premières *Causeries du lundi* (1851) ; il y citait en outre la partie principale de la lettre de Mme Des Cars, dont il a été question plus haut et revendiquait à ce propos en termes éloquents les droits imprescriptibles de l'histoire.

C'est seulement en 1858 que les *Mémoires* furent intégralement reproduits pour la première fois ; voyez les deux nos suivants.

56. — Mémoires du duc DE LAUZUN (1747-1783), publiés pour la première fois avec les passages supprimés, les noms propres, une étude sur la vie de l'auteur, des notes et une table générale, par LOUIS LACOUR. *Paris, Poulet-Malassis et de Broise*, 1858; in-12, LXVI-330 pp. (*N.* Ln [27] 11753.)

Il faut y joindre un prospectus de quatre pages. C'est en raison des termes mêmes dans lesquels la publication y était annoncée que M. le baron Pichon, dont Louis Lacour était le locataire, lui fit donner congé et que la Société des Bibliophiles français rompit les conventions passées avec le même érudit pour la publication des *Mémoires* inédits de Gassot, secrétaire de divers princes de la maison de Valois.

En même temps le livre était saisi pour outrage à la morale publique, mais une ordonnance de non-lieu intervint presqu'aussitôt et cette première édition fut rapidement épuisée.

Louis Lacour avait le texte sur deux copies certifiées, ainsi que sur l'ex. de réserve de la B. N. et il y avait rétabli les passages cités intégralement dans la *Revue rétrospective*.

56ª. — Mémoires du duc DE LAUZUN (1747-1783), publiés conformes au manuscrit, avec une étude sur la vie de l'auteur. Seconde édition sans suppressions et augmentée d'une préface et de notes nouvelles par Louis LACOUR. *Paris, Poulet-Malassis et de Broise,* 1858 ; petit in-8, 2 ff. et LXVII-409 pp., plus 1 f. non chiffré (table des matières). (*N.* Ln [27] 11753 A.)

La nouvelle préface (pp. I-XI), est intitulée : *Tribulations d'un éditeur. Bref exposé des conséquences que la première édition sans suppressions des* Mémoires de Lauzun *a eues pour moi,* et datée de Paris, 14 octobre 1858.

Le texte des *Mémoires* et celui de la notice sur le duc et la duchesse de Lauzun sont conformes à ceux de la première édition, mais diverses notes avaient été corrigées et les signes matériels employés pour indiquer les additions avaient disparu.

De nouvelles poursuites furent dirigées contre Lacour et Malassis, tant au nom de M. Pichon, pris à partie dans les *Tribulations d'un éditeur,* qu'en celui des princes Czartoryski, à raison de divers passages des *Mémoires* et de deux notes qu'ils tenaient pour injurieuses. Le délit d'outrage à la morale publique, un moment invoqué, fut écarté de nouveau, mais le 26 janvier 1859, les plaignants obtinrent la destruction des ex. saisis ; de plus, par le même jugement, confirmé en appel, le tribunal condamna Louis Lacour à trois mois de prison et 1000 francs d'amende, Poulet-Malassis et De Broise à un mois de prison et 500 fr. d'amende.

Les *Mémoires* furent en 1862 l'objet de deux nouvelles réimpressions. Voyez les deux nos suivants.

57. — Mémoires du duc DE LAUZUN et du comte DE TILLY, avec avant-propos et notes par M. Fs. BARRIÈRE. *Paris, Firmin Didot frères, fils aîné et C*ie, 1862 ; in-12, 2 ff. 435 pp. et 1 f. de table. (*N.* L [45] 24)

Le faux-titre porte : *Bibliothèque des Mémoires relatifs à l'histoire de France pendant le XVIII*e *siècle....* Tome XXV.

Pour les *Mémoires* de Lauzun, l'éditeur a suivi le texte de l'édition Lacour, ainsi qu'il l'a reconnu p. 98 et il a, comme lui, rétabli tous les noms propres.

57. — Mémoires du duc DE LAUZUN (1749-1783), publiés entièrement conformes au manuscrit, avec une étude sur la vie de l'auteur. Sixième édition sans suppressions et augmentée d'une préface, de notes nouvelles et du plaidoyer de Mᵉ FALATEUF, avocat à la cour de Paris, par LOUIS LACOUR. *Naumbourg s/ S., Gottfried Paetz*, 1862; in-8, LXXXIII-412 pp.

Le texte et les notes sont, en effet, conformes à la seconde édition de 1858, mais les *Tribulations d'un éditeur* sont supprimées et remplacées par un avertissement emprunté pour la majeure partie à un article de Léon de Wailly paru dans *l'Illustration*. Le plaidoyer de Mᵉ Falateuf occupe les pp. LXVIII-LXXXIII.

59. — Mémoires du duc DE LAUZUN. Édition complète, précédée d'une étude sur Lauzun et ses mémoires, par GEORGES D'HEYLLI. *Paris, Édouard Rouveyre*, 1880; in-8, XLVI-266 pp. et 1 f. non chiffré (achevé d'imprimer). (*N*. Ln 27 33819.)

Frontispice, en tête et culs-de-lampe par DE MALVAL.
M. d'Heylli a suivi le texte établi par Louis Lacour, mais il l'a divisé en chapitres qui n'existent point dans les éditions précédentes.

---

60. — Mémoiren des Grafen ALEXANDER VON TILLY, aus den französischen Handschrift übersetzt, mit einer biographischen Notiz über den Grafen von Tilly. *Berlin*, 1825; 3 vol. in-8.

D'après le *Quérard*, n° 11, et d'après Œttinger.

61. — Mémoires du comte ALEXANDRE DE TILLY, pour servir à l'histoire des mœurs de la fin du XVIIIᵉ siècle. *Paris, chez les marchands de nouveautés*, 1828; 3 vol. in-8. (*N*. Lb 39 71.)

61 ª. — Mémoires du comte Alexandre de Tilly, ancien page de la reine Marie-Antoinette, pour servir à l'histoire des mœurs de la fin du xviiie siècle. *Paris, Ch. Heideloff*, 1830 ; 3 vol. in-8. (*N.* Lb³⁹ 71 A.)

Le titre seul est changé.

62. — Souvenirs d'un page de la cour de Louis XVI, par Félix, comte de France d'Hezecques, baron de Mailly, publiés par M. le comte d'Hézecques, ancien député au Corps législatif, membre du Conseil général de la Somme. *Paris, Didier et Cie*, 1873 ; in-12, 2 ff. et viii-360 pp.

63. — Le Comte de Fersen et la cour de France. Extraits des papiers du grand maréchal de Suède, comte Jean-Axel de Fersen, publiés par son petit-neveu, le baron R.-M. de Klinckowström, colonel suédois. *Paris, Firmin-Didot et Cie*, 1877-1878 ; 2 vol. in-8. (*N.* Lb³⁹ 11221.)

Tome I, lxxvii-321 pp. et 1 f. d'errata. En regard du titre, gravure anonyme au burin, d'après une miniature représentant Fersen à vingt-huit ans. — La Guerre d'Amérique du Nord. — Fuite du Roi et de la Reine de France pour Varennes. — La Contre-Révolution.

Tome II, 2 ff., 440 pp. et 1 f. d'errata. — Formation d'un congrès armé des puissances étrangères. — Coalition contre la France. — Différents projets de délivrer la famille royale de France. — Les deux premières campagnes des puissances coalisées contre la France.

64. — Conversations recueillies à Londres, pour servir à l'histoire d'une grande reine, par M***. *Paris, Hénée et Dumas, Lerouge,* 1807 ; in-8, 2 ff. et 262 pp. (*N.* Lb³⁹ 80.)

L'*Avis de l'éditeur* et l'*Introduction*, quoique paginés en chiffres romains, sont compris dans la pagination générale.

Ces *Conversations*, rédigées, selon Eckard *(Notice sur Peuchet)*, « par un membre distingué de l'Assemblée nationale »

(Lally-Tolendal?), ont fait l'objet d'une autre publication décrite sous le n° suivant.

65. — **Mémoires de Mlle Bertin sur la reine Marie-Antoinette, avec des notes et des éclaircissements.** Paris, Bossange frères, 1824; in-8, 1 f. et 291 pp. (N. Inv. Y ² 52566.)

Le faux-titre porte : *Collection des mémoires relatifs à la Révolution française.* Dans l'ex. de la B. N. un second titre, relié à la suite du premier, porte comme rubrique : *Paris et Leipzig, Bossange frères.*

Les *Mémoires* attribués à la célèbre modiste sont en réalité une réédition des *Conversations* décrites sous le n° précédent, mais que Peuchet avait dépouillés de la forme de dialogue et qu'il avait fait suivre pp. 161-191 de pièces justificatives et de notes historiques dont voici le détail : 1. *Sur le comte de Charolais.* II. *Sur la duchesse d'Orléans, femme de Louis-Philippe.* III. *Sur Louis-Philippe d'Orléans* (Égalité). IV. *Sur le mariage de Marie-Antoinette avec le Dauphin.* V. *Marie-Antoinette épouse de Louis XVI.* VI. *Sur les princesses tantes de Louis XVI.* VII. *Sur le comte de Maurepas.* VIII. *Sur Choiseul.* X. *(sic :* IX) *et* XI (X). *Sur* Mme *Du Barry, sa mort et ses trésors.* XII. Mme *de Mackau.* XIII. *Souvenirs sur Marie-Thérèse de France.* XIV. *Arrêt du 31 mai 1786* (affaire du Collier).

Les héritiers de Mlle Bertin réclamèrent contre l'abus qui avait été fait du nom de leur tante ; dans une lettre adressée à *la Semaine, journal littéraire* (22e livraison, pp. 174-177), leur représentant M. Petit-Dauterive ajoutait que Mlle Bertin non seulement n'avait point laissé de *Mémoires*, mais encore qu'elle avait, par prudence, détruit, durant la Terreur, ses livres de compte, en sorte que sa succession n'avait pu, lors de la Restauration, exercer aucune répétition auprès de la liste civile.

En présence de ce désaveu, les frères Bossange s'exécutèrent de fort bonne grâce : « trompés, disaient-ils, par quelqu'un qu'il serait peu généreux de nommer, puisqu'il avoue sa faute », ils déclarèrent qu'ils s'interdisaient toute vente ou publication ultérieure de ces *Mémoires* et qu'ils remettaient aux plaignants la presque totalité de l'édition.

Cette lettre, également publiée par *la Semaine*, a été reproduite par Beuchot dans le *Journal de la librairie* du 29 janvier 1825, avec une apostille flatteuse pour la délicatesse et le désintéressement des frères Bossange.

66. — **Souvenirs sur Marie-Antoinette, archiduchesse d'Autriche, reine de France, et sur la cour de Versailles**, par Mme la comtesse d'Adhémar, dame du palais. *Paris, L. Mame,* 1836 ; 4 vol. in-8. (*N.* Inv. Y² 13011-13014.)

Par le baron de Lamothe-Langon, d'après Quérard.

67. — **Souvenirs de Léonard, coiffeur de la reine Marie-Antoinette.** *Paris, Alph. Levavasseur et Cie,* 1838 ; 4 vol. in-8. (*N.* Inv. Y² 63942-63945.)

Mémoires apocryphes, attribués, comme les précédents, à Lamothe-Langon. Sur ce personnage que les romanciers modernes ont plusieurs fois mis en scène, voir une note très précise de M. Alfred Bégis dans l'*Intermédiaire* du 10 juillet 1890, col. 408-409. Jean-François Autié, dit *Léonard*, né à Pamiers en 1758, coiffeur et valet de chambre d'honneur de la Reine, condamné à mort le 7 thermidor an II, échappa au supplice par suite d'une confusion de noms, passa en Russie, d'où il ne revint qu'en 1814, et mourut à Paris le 24 mars 1820. En 1818 il était ordonnateur général des pompes funèbres.

B. — DE 1770 A 1788.

68. — **État de distribution des présents de la corbeille de Madame la Dauphine.** *Paris, typ. Lahure,* MDCCCLXXVI ; in-8, 2 ff. et 31 pp.

On lit sur le titre : (Extrait du volume des *Mélanges* de 1877 et tiré à vingt-cinq exemplaires non mis dans le commerce, avec la permission de la société des Bibliophiles [français]).

L'avertissement est signé : le baron J. Pichon. Cet *État* est extrait d'un ms. faisant partie de la bibliothèque de l'éditeur, intitulé *Description et relation de tout ce qui a été fait et de tout ce qui s'est passé à l'occasion du mariage de L. A. Dauphin de France avec Marie-Antoinette-Josèphe-Jeanne, archiduchesse d'Autriche,* par M. de la Ferté, intendant des Menus (in-4).

Il existe de ce manuscrit, encore en partie inédit, deux autres copies, l'une à la Bibliothèque Mazarine, en mar. rouge, aux armes de France, n° 2937 (auj. 2401), l'autre aux Archives, en veau jaspé, aux armes de France et des Menus-Plaisirs du Roi, O¹ 3254.

69. — Lettre sur le mariage de monseigneur Louis-Auguste de Bourbon, Dauphin de France, avec l'archiduchesse Marie-Antoinette-Josèphe-Jeanne d'Autriche, sœur de l'empereur Joseph II, co-régent des États d'Autriche et fille de S. M. Impériale, Royale et apostolique l'Impératrice reine de Hongrie et de Bohême. *Amsterdam et Paris, Gueffier,* 1770 ; in-8, 32 pp. (*N.* Lb ^{39} 6229.)

Relation des fêtes et cérémonies qui avaient eu lieu à l'occasion de l'arrivée de la Dauphine en France et de son mariage.

70. — Collection des ouvrages les plus intéressants présentés à la Cour à l'occasion du mariage de Monseigneur le Dauphin et Madame la Dauphine. *Paris, Desnos,* 1770 ; in-4.

Ouvrage peu commun, non cité par Brunet ni par Cohen, contenant : 1° Les portraits de Louis Dauphin et de Marie-Antoinette Dauphine, grav. par Desnos ; 2° Chiffre généalogique contenant les degrés de consanguinité entre Mgr le Dauphin et Mme la Dauphine, avec un grand tableau gravé ; 3° *Les vœux de la France et de l'Empire* (1 titre et 6 pl. gravés par Chenu, d'après Gravelot et autres) ; 4° Allégorie sur l'alliance célébrée le seize mai, pièce repliée, gravée par Auvray ; 5° *Les Bouquets de noce, dialogues sur le mariage,* frontispice de Dugourc, gravé par Ingouf.

L'ex. de la bibliothèque de M. Ducoin (4e partie, n° 2), a été adjugé 166 francs.

71. — Antoinette, ou la nouvelle Pandore, par Mlle Dionis. *S. l. n. d. ;* in-8, 3 pp. (*N.* Lb ^{38} 6233.)

Titre et cul-de-lampe gravés. Le premier est signé en caractères minuscules : *a. s. f.*

Allégorie en prose. L'ex. de la B. N. porte cette note manuscrite : « Présentée à Madame la Dauphine » et p. 13, une correction également manuscrite.

72. — **L'Pompier ou l'Jasement du Marais et d'partout**, ouvrage en deux morciaux, décoré d'une note si tellement curieuse qu'all' vous apprend comme quoi l's enfants pouvont queuqu' fois avoir plus d'âge qu'leux père. *S. l. n. d.* in-8 , 8 et 12 pp.

Le *Premier Morciau* comporte en réalité deux chansons ; la première sur l'air : *Ah ! ça, v'là qu'est donc bâclé !* est intitulée : *Chanson en magnière d'Épitralame, décomposée le 23 mars 1770 par* GEORGES L'ÉTEIGNOIR, *l'un des douze pompiers du corps de garde de l'hotel Soubise, au sujet d'l'occasion du prochain mariage d'Monseigneur Louis-Auguste D'Bourbon, Dauphin de France, âgé de quinze ans, six mois, trois s'maines et deux jours, avec Mamsell' l'archiduchesse Marie-Antoinette d'Lorraine, encore moins vieille.*

Une note (p. 5) dit que l'auteur, né natif de la paroisse archipresbytérale de Saint-Séverin, y a été baptisé « le 32 mai ou pour mieux dire le 1er juin 1705 ».

La seconde chanson (sur l'air de *Manon Girou*) fait allusion au mariage de Louis-Henri-Joseph de Bourbon, prince de Condé, avec Louise-Marie-Thérèse-Bathilde d'Orléans, célébré le 24 avril 1770.

La seconde partie est intitulée : *L'Maréchal ferrant, la R'vendeuse et l'Suisse d'la Merci ou le Deuxième jasement du Marais et d'partout, ouvrage en trois morciaux, servant d'allonge au* « Pompier d'l'hôtel Soubise ». Il y a en réalité quatre chansons en l'honneur du Dauphin et de la Dauphine, suivies d'un *Errata ou Petite ébauche d'un grand tableau* et d'une note en prose.

73. — **La Joie des halles**, conversation entre Mme Giroflée, marchande bouquetière, Mme Saumon, marchande de marée, et M. Jacquot-la-Grosse-Patte, marinier, sur le joyeux avènement du roi à la couronne. *Imp. d'Houry, s. d.* ; in-8, 15 pp. (*N.* Lb [39] 6234.)

ÉPIGR. :
Trahit sua quemque voluptas.

74. — Chanson nouvelle. Entrée de Madame la Dauphine. *Impr. E. Jorry;* in-8, 7 pp. (la dernière non chiffrée.)

Air : *Reçois dans ton galetas.* Le visa du censeur Marin est du 16 juin 1773 et le permis d'imprimer, contresigné Sartine, est du lendemain.

Couplets en l'honneur du court séjour que le Dauphin et la Dauphine firent à Paris en juin 1773. (Voir *Mémoires secrets*, à cette date.)

75. — Le Gonflement de la rate, ou Entretiens du jour, dialogue au Palais-Royal, entre Mlle Trotte-Menu, marchande à la toilette, et M. Dix-Huit, tailleur. *Paris, Gueffier,* 1774 ; in-8, 16 pp. (*N.* Lb ^{39} 6235.)

Épigr. :

Titillo ad ridendum.

Pp. 7-9, *Plainte* (en vers) *des bourgeois de Passy contre les parasites curieux.* Pp. 10-12. *Le Temple de la Justice*, allégorie (en prose) en l'honneur du Roi et de la Reine. Pp. 14-16, *Bouquet* (en vers) *à tous les Jeans du monde.*

76. — Les Amours de Charlot et de Toinette, pièce dérobée à V... *S. l.,* MDCCLXXIX (1779) ; in-8, 8 pp.

Épigr. :

Scilicet in superis labor est, ea cura quietas
Sollicitat...

Virg., *Æneid.*

Satire en vers irréguliers dont la destruction coûta plus de 17400 livres à la cassette de Louis XVI, ainsi que l'atteste la quittance du libraire Boissière, publiée par P. Manuel (*Police dévoilée*, I, pp. 237-238). Deux ex. au moins échappèrent à cette destruction, si rigoureuse qu'elle fût : l'un (ayant appartenu à M. Hankey), renferme deux pl. gravées et très finement gouachées, attribuées à Desrais, représentant, l'une, Marie-Antoinette en tête à tête avec le comte d'Artois, l'autre, Louis XVI se soumettant devant la Faculté de médecine à l'épreuve du congrès. Un second ex. (provenant de Leber, qui l'a décrit sous le n° 2281 de son catalogue et qui appartient aujourd'hui à la bibliothèque de Rouen) est orné d'un dessin également attribué à Desrais ; mais si les attitudes des deux personnages sont les mêmes que dans l'ex. Hankey, leurs traits et leurs costumes rappellent plutôt ceux de Mme de Staël et de La Fayette.

Les Amours de Charlot et de Toinette ont été plusieurs fois réimp. à partir de 1789, entr'autres dans le *Momus redivivus* de Mercier (de Compiègne).

77. — Songe ou horoscope sur l'accouchement futur de Marie-Antoinette-Jeanne-Joséphine de Lorraine, archiduchesse d'Autriche, reine de France et de Navarre. *Paris, imp. Clousier,* 1781 ; in-8, 10 pp. (*N.* Lb 39 297.)

La Reine était grosse du premier Dauphin, mort en 1789.

78. — Route que tiendra la reine en allant à Notre-Dame, de Notre-Dame à Sainte-Geneviève, de Sainte-Geneviève à l'Hôtel de ville, et de l'Hôtel de ville à la place de Louis XV, le lundi 21 janvier 1782. *P.-D. Pierres,* 1782 ; in-4, 4 pp. (*N.* Lb 39 311.)

P. 3. *Route que tiendra le Roi pour aller le même jour à l'Hôtel-de-Ville.* P. 4. Itinéraire du Roi et de la Reine pour leur retour à la Muette, depuis le quai Pelletier jusqu'à la place Louis XV.

79. — Avis au public, pour l'arrivée à l'hôtel de ville, le lundi 21 janvier 1782. *Paris, imp. P.-D. Pierres,* 1782 ; in-4, 8 pp. (*N.* Lb 39 312.)

80. — Portefeuille d'un talon rouge, contenant des anecdotes galantes et secrètes de la cour de France. *Paris, imp. du comte de Paradès, l'an 178*;* in-24, 42 pp. (*N.* Lb 39 7. Réserve.)

P. 3. *Avis de l'éditeur.* P. 5. *A M. de la H...* (La Harpe), *de l'Académie française.* P. 29. *Lettre à Milady St...,* datée de Versailles, 18 juin 1779.

Pamphlet dont l'auteur est demeuré inconnu et que l'on attribue sans preuves à Gédéon Lafitte, marquis de Pelleport (cf. l'*Intermédiaire* de 1880, col. 136, 190, 209, 270). Quant à la rubrique inscrite sur le titre, elle fait allusion à un aventurier nommé en réalité Richard, issu d'un patissier de Phalsbourg, qui se donnait pour fils naturel d'un grand d'Espagne et sur qui une détention à la Bastille pour cause d'espionnage avait attiré l'attention publique ; aussi l'emploi de son nom était-il un appât tendu à la curiosité des badauds.

Le *Portefeuille d'un talon rouge* dut être saisi avant même d'être mis en vente, car il n'en est trace ni dans les *Mémoires secrets,* ni dans la *Correspondance* dite de Métra, et on le voit inscrit dans *la Police dévoilée* de Manuel (tome Ier, p. 38) avec cette mention : « Toute l'édition, ou à peu près », parmi les livres envoyés au pilon sur l'ordre de Lenoir, le 19 mai 1783. Si exacte en effet qu'ait été la recherche, quelques ex. échappés à la destruction ont figuré aux ventes Chaponay (1863), L. Potier (1870), ou sur divers catalogues à prix marqués ; enfin, à la vente posthume du relieur Capé (1868), il s'en retrouva jusqu'à 21 ex. en feuilles qui, achetés par un libraire du quai des Grands-Augustins et reliés par ses soins, sont peu à peu entrés dans la circulation.

Au point de vue historique, le *Portefeuille d'un talon rouge* n'est pas, comme le répètent à l'envi les bibliographes qui ne l'ont jamais ouvert, « d'une violence inouïe », mais bien plutôt d'une perfidie notoire, car sous couleur de disculper la Reine des imputations dont elle était l'objet, l'auteur énumère toutes les calomnies et médisances mises en œuvre contre elle. C'est ainsi qu'on y lit, pp. 14-18, un prétendu dénombrement des dames de la cour fait par Marie-Antoinette à Joseph II lors de sa visite en France et qu'on y relève pour la première fois, ce me semble, ces dénominations de « siècles » de, « collets montés » et de « paquets » qui provoquèrent dans l'entourage même de la reine d'irréconciliables rancunes.

Le *Portefeuille* a été réimprimé en 1872 par Gay sous la rubrique de Neuchatel et forme la 13e livraison d'une Bibliothèque libre tirée à cent ex.

81. — Prières faites pour l'heureuse délivrance de la reine, récitées en hébreu, depuis le 15 février 1785, dans l'assemblée des juifs de la nation espagnole et portugaise, résidants à Paris, par ordre du sieur Sil-

veyra, syndic et agent général de cette nation. *Imp. d'Houry*, 1785 ; in-4, 6 pp. (*N.* Lb ³⁹ 6288.)

Pour la naissance du duc de Normandie, plus tard Dauphin, mort au Temple.

82. — Marie-Antoinette et le procès du collier, d'après la procédure instruite devant le parlement de Paris, par M. ÉMILE CAMPARDON, archiviste aux Archives de l'Empire. Ouvrage orné de la gravure en taille-douce du collier et enrichi de divers autographes inédits du roi, de la reine, du comte et de la comtesse de Lamotte. *Paris, Henri Plon*, 1863 ; in-8, VIII-452 pp. (la dernière non chiffrée). (*N.* Lb ³⁹ 6217.)

83. — L'Intrigue du collier. Épisode du règne de Louis XVI (1785-1786), par L. SEUBERT. *Paris, Jules Tardieu*, 1864 ; in-12, 2 ff. et 176 pp. (*N.* Lb ³⁹ 6295.)

84. — LOUIS COMBES. Marie-Antoinette et l'intrigue du collier. *Paris, Georges Decaux*, s. d. (1876) ; in-16, 125 pp. (*N.* Lb ³⁹ 11196.)

85. — Barreau de Paris. Discours prononcé par M. F. LABORI, avocat à la Cour d'appel, secrétaire de la conférence, à l'ouverture de la conférence des avocats, le 26 novembre 1888. Imprimé aux frais de l'ordre. *Paris, imp. Alcan Lévy,* 1888 ; in-8, 54 pp. (*N.* 8° Fn ³ 884.)

L'orateur avait choisi pour sujet le procès du Collier.

86. — Marie-Antoinette et le Procès du Collier, suivi du Procès de la reine Marie-Antoinette, par G. CHAIX D'EST-ANGE, publié par son fils. *Paris, Maison Quantin*, 1889 ; in-8, 2 ff., 363 pp. et 1 f. de table. (*N.* Lb ³⁹ 11458.)

C. — DE 1789 A 1793.

87. — Marie-Antoinette d'Autriche, reine de France, à la Nation. (17 juillet 1789.)

Apocryphe, mais favorable à la Reine. Voyez tome I#er# de la *Bibliographie,* n° 1249, et pour les diverses réponses que provoqua cette brochure, les n#os# 1250-1254.

88. — Les poissardes à la reine. *Rue du Sépulchre,* 1789; in-8, 8 pp. (*N.* Lb ^{39} 2089.)

En langage populaire.

89. — Déclaration admirable de Marie-Antoinette... envers la Nation et son entretien avec le Roi sur la diminution du pain (1789).

Apocryphe, mais favorable à la Reine. Voyez tome I#er# de la *Bibliographie,* n° 1356. Cette brochure a été citée dans le travail de MM. de Lescure et de La Sicotière sous ce titre bizarre : *Déclaration administrative de Marie-Antoinette...*

90. — Le G.... royal. *S. l.,* 1789; in-8, 16 pp.

L'*Avis de l'éditeur* est en prose. L'*Entretien de Junon et d'Hébé* et le *Mea culpa R******* sont en vers.

91. — Ode à la Reine. *S. l. n. d.;* in-8, 7 pp.

Pièce très violente attribuée à PONCE-DENIS ÉCOUCHARD LEBRUN et plusieurs fois réimp. Voyez le n° suivant.

92. — C'est ce qui manquait à la collection. *A Vienne en Autriche,* 1789; in-8, 8 pp. et 1 f. non chiffré.

P. 3, *Ode à la Reine.* Au verso du feuillet non chiffré, petite eau-forte représentant une femme en grand chapeau à califourchon et à rebours sur un âne dont elle tient la queue; le conducteur de l'animal porte un bonnet surmonté de cornes.

Cette vignette a servi pour d'autres publications.

93. — L'Autrichienne en goguettes, ou l'orgie royale, opéra proverbe, composé par un garde du corps, publié depuis la liberté de la presse, et mis en musique par la reine. *S. l.,* 1789; in-8, 16 pp. (*N.* Lb ^{39} 2401. Réserve.)

Attribué par Barbier à FRANÇOIS-MARIE MAYEUR DE SAINT-PAUL. Si cette attribution est justifiée, l'auteur est venu plus tard à résipiscence, car on le voit en 1796 collaborer au *Por-*

tefeuille d'un chouan de Villiers et en 1814 publier *la Renaissance des lys ou le petit Chansonnier royaliste* (in-32).

94. — Antoinette d'Autriche, ou dialogue entre Catherine de Médicis et Frédégonde, reines de France, aux enfers, pour servir de supplément et de suite à tout ce qui a paru sur la vie de cette princesse. *Londres,* 1789; in-8, 16 pp. (*N.* Lb^{39} 2402.)

Voyez le n° suivant.

95. — Le petit Charles IX, ou Médicis justifiée. *S. l.,* 1789; in-8, 16 pp. (*N.* Lb^{39} 2403.)

Même ouvrage que le précédent.

96. — Bord... r....; suivi d'un entretien secret entre la reine et le cardinal de Rohan, après son entrée aux états généraux. Le b... se trouve à Versailles, dans l'appartement de la reine. *S. n. l. d.;* in-8. (*N.* Lb^{39} 2404. Réserve.)

97. — Les Imitateurs de Charles IX ou les Conspirateurs foudroyés, drame en cinq actes et en prose, orné de cinq gravures, par le rédacteur des « Vêpres siciliennes » et du « Massacre de la Saint-Barthélemy ». *A Paris, imp. du Clergé et de la Noblesse de France, dans une des caves ignorées des Grands-Augustins,* 1790; in-8, 128 pp. (*N.* Lb^{39} 2773.)

Remise en circulation d'un pamphlet dialogué par l'abbé GABRIEL BRIZARD, publié d'abord sous ce titre : *La Destruction de l'Aristocratisme* (sic), *drame en cinq actes en prose, destiné à être représenté sur le théâtre de la Liberté.* A Chantilly, imprimé par ordre et sous la direction des princes fugitifs, 1789, in-8, 128 p. 5 fig.

Ces cinq figures, assez finement gravées, représentent : Marie-Antoinette et Mme de Polignac tendrement enlacées avec cette légende : « Je ne respire plus que pour toi ! Un baiser, mon bel ange ! », le comte d'Artois et le duc du Châtelet, la mort de Flesselles, Louis XVI quittant Versailles le 17 juillet 1789, et le massacre de Foulon et de Berthier.

98. — Requête de la reine à nosseigneurs du tribunal de police de l'hôtel de ville de Paris (15 mars 1790). *De l'imprimerie de la reine, s. d. ;* in-8, 8 pp. (*N.* Lb 39 3079.)

Facétie à propos d'un passage des *Révolutions de France et de Brabant* où Desmoulins avait appelé Marie-Antoinette *la femme du roi.*

99. — La Cause de la Révolution Françoise, ou la conduite secrète de M... A... n. tte. d'Autr... R. de France. Enrichie d'une collection de nottes intéressantes et critiques sur les auteurs de cette Révolution comme sur celles des autres parties de l'Europe, par un de ses témoins, le Chev. de —. *A l'Enseigne de la Liberté*, 1790; in-8, 30 pp.

Épigr. :

<blockquote>
Fraus sublimi regnat in Aulá.
Senec. in *Hipp.*
</blockquote>

Violent pamphlet, imprimé, semble-t-il, à Londres. P. 13-19, *Vérités dédiées à Marie-Antoinette d'Autriche, reine de France*, en vers, suivies de notes en prose. En regard du titre, frontispice anonyme décrit sous le n° 17 ci-dessus, où sa présence n'est nullement justifiée, tandis qu'il offre ici une allusion évidente à ces vers de la p. 16 :

<blockquote>
.... *C'est Maurepas qui tombe,*
Par ton ordre expirant, victime du poison.
Là, te dirais-je encore, Vergennes *qui succombe,*
Ministre, ami des rois et l'honneur de son nom.
</blockquote>

100. — Le petit alphabet de la cour. *S. l. n. d.* (1790); in-8, 22 pp. (*N.* Lb 39 3164.)

Pamphlet, dirigé surtout contre Marie-Antoinette.

101. — Tels gens, tel encens. *S. l. n. d. ;* in-8, 27 pp. (*Br. M.*, F. R. 386, 15.)

Pamphlet contre la droite de l'Assemblée et surtout contre Marie-Antoinette.

102. — Semonce à la reine. S. l. n. d. (1790); in-8, 8 pp. (N. Lb³⁹ 3637.)

Violent pamphlet.

103. — Soirées amoureuses du général Mottier et de la belle Antoinette, par le petit épagneul de l'Autrichienne. *A Persépolis, à l'enseigne de l'Astuce et de la Vertu délaissée,* 1790; in-8, 32 pp.(N. Lb³⁹ 4281. Réserve.)

104. — Marie-Antoinette dans l'embarras, ou Correspondance de La Fayette avec le roi, la reine, la Tour-du-Pin et Saint-Priest. (19-26 octobre 1790.) S. l. n. d.; in-8, 48 pp. (N. Lb³⁹ 9479. Réserve.)

Frontispice obscène.

105. — Testament de MARIE-ANTOINETTE D'AUTRICHE, ci-devant reine de France. *Imp. Le Gros, s. d.* (1790); in-8, 16 pp. (N. Lb³⁹ 9480. Réserve.)

Le titre de départ, p. 3, porte en plus : *Fait et rédigé dans son cabinet, à Saint-Cloud.*

Le catalogue imprimé de la B. N. a enregistré sous le n° Lb³⁹ 10824 et classé au mois d'août 1792 un second ex. de cette pièce qui a exactement la même justification typographique, mais dont les marges sont plus petites.

106. — La G.... en pleurs. *Au b...el et se trouve au Magasin dans les appartements de la Reine, l'an de la f.....ie 5790;* in-8, 12 pp. (N. Y. Réserve.)

Fontispice obscène. Voyez le n° suivant.

107. — Les derniers Soupirs de la g.... en pleurs adressés à la ci-devant noblesse, et dédiés à la triste, sèche et délaissée Désullan, libraire au Palais-Royal, en qualité de g.... au premier chef. *A Branlinos,* etc., *l'an de la bienheureuse f.....ie,* 5790; in-8, 15 pp. (N. Y. Réserve.)

Frontispice obscène différent du précédent.

108. — Étrennes de la déesse Hébé à la Messaline royale pour l'année 1791. *Pour l'année de la contre-révolution 1791. Se trouve aux Tuileries et chez le portier du général bleu. De l'imprimerie nationale, s. d.;* in-12, 20 pp.

Frontispice et épigraphes obscènes.
Au verso du titre : *Avis aux lecteurs* (en prose). P. 3, *Étrennes de la déesse Hébé à la Messaline royale pour l'année 1790, dialogue entre la Reine et Hébé* (en vers). — P. 19-20, *M. de La Fayette, la Reine, dialogue en action* (en prose).

109. — Catherine de Médicis dans le cabinet de Marie-Antoinette, à Saint-Cloud. Premier (-douzième) dialogue. *De l'Imprimerie royale, s. d.* (1791); in-8. (*N.* Lb^{39} 4562.)

Chacun de ces douze dialogues (formant une première livraison) a huit pages. Dans l'ex. de la B. N., on a relié à la suite : *Catherine de Médicis dans le cabinet de Marie-Antoinette, à l'instant que Louis XVI reçoit une députation de 48 sections de la ville de Paris, présidée par M. Bailly, treizième dialogue. De l'Imprimerie royale,* in-8, 8 pp., et *Catherine de Médicis, Quatorzième dialogue,* [entre Louis XVI, Marie-Antoinette et plusieurs députés]. *Impr. Chaudriet, s. d.,* in-8, 8 pp.

110. — Fureurs utérines de Marie-Antoinette, femme de Louis XVI. La mère en prescrira la lecture à sa fille. *Au Manège et dans tous les b...els de Paris,* 1791; in-12, 58 pp. (*N.* Lb^{39} 10259. Réserve.)

P. 15, *Le Triomphe de la f.....ie ou les Apparences sauvées,* comédie en deux actes et en vers.
Deux figures obscènes coloriées.

111. — Interrogatoire du Roi et de la Reine et leur déclaration aux commissaires nommés par l'Assemblée nationale (1791).

Voir tome Ier de la *Bibliographie,* n° 2263 et pour les diverses relations de l'affaire de Varennes, *ibid.,* 3000-3018.

112. — Le Vrai caractère de Marie-Antoinette. *Imp. Momoro, s. d.* ; in-8, 8 pp.

Épigr. :
> Mortel qui juges tout, quelle est ton imprudence
> Lorsque ton jugement s'arrête à l'apparence?

En faveur de la Reine.

113. — Désespoir de Marie-Antoinette, sur la mort de son frère Léopold II, empereur des Romains, et sur la maladie désespérée de Monsieur, frère du roi de France. *De l'imprimerie de la Liberté, s. d.* (1792); in-8, 8 pp. (*N.* Lb^{39} 5803.)

Pamphlet.

114. — Liste civile, suivie des noms et qualités de ceux qui la composent, et la punition due à leurs crimes. Récompense honnête aux citoyens qui rapporteront des têtes connues de plusieurs qui sont émigrés et la liste des affidés de la ci-devant reine. *Imp. de la Liberté, s. d.* (1792); in-8, 24 pp.(*N.* Lb^{39} 10910.)

Signé : Silvain.
P. 21. *Liste de toutes les personnes avec lesquelles la Reine a eu des liaisons de débauche.* P. 23. *Liste d'une partie de ceux dont on donnera le sommaire de leur patriotisme ou de leurs crimes dans le troisième numéro, ainsi que le prix de leurs têtes selon leurs crimes.*
Voyez les deux n^{os} suivants.

114 ^{a}. — Liste civile, suivie des noms et qualités de ceux qui la composent... et la Liste des affidés de la ci-devant reine. *Imp. de la Liberté, s. d.* ; in-8, 24 pp. (*N.* Lb^{39} 10910 A.)

Sous le titre, fleuron sur bois représentant des fleurs et des fruits.
P. 3-20, *Liste civile* semblable à celle du n° ci-dessus.

115. — N° II. Liste civile, et les têtes à prix des personnes soldées par cette liste, dont la plupart étaient pour-

suivies par la cour martiale et les autres prisonniers qui sont à Orléans, ainsi que ceux qui ont échappé à la vengeance du peuple et qui se font enrôler pour les frontières, avec l'abrégé de leurs crimes. Mort de la royauté. *Paris, imp. de la Liberté,* 1729; in-8, 32 pp. (*N.* Lb [39] 10911).

P. 3. *Notice intéressante sur quelques criminels de lèse-nation et les premiers conspirateurs reconnus dans l'affaire du 10.* P. 22. *Bertrand* (de Moleville), *ministre de la marine, a perdu la confiance de la nation.* P. 23-25. *La Fayette a-t-il quitté son armée pour se rendre à Paris sur un congé du ministre de la guerre? Y a-t-il lieu à accusation contre La Fayette?* P. 26. *Liste des personnes qui méritent d'être inculpées sur cette liste.* P. 28. *Liste des hommes qui peuvent être admis à la Convention nationale et qui ont le mieux mérité de la patrie.* P. 23 (sic : 32) *Liste de partie de ceux dont on donnera le sommaire de la vie et des crimes dans le 3e n[o].*

115 [a]. — N° III. Liste des personnes soldées par cette liste dont la plupart étaient poursuivies par la cour martiale et les autres prisonniers qui sont à Orléans ainsi que ceux qui ont échappé à la vengeance du peuple et qui se sont enrôlés pour les frontières. Avec l'abrégé de leurs crimes. *Paris, imp. de la Liberté,* 1792; in-8, 32 pp. (*N.* Lb [39] 10911).

Dans l'ex. de la B. N., les n°s II et III sont cartonnés sous la même couverture. On lit au verso du n° III l'*Avis* suivant :
« L'on a empêché pendant quelques jours la publicité de la *Liste civile* et on le devait de toute nécessité, parcequ'on avait contrefait cette liste et qu'il était arrivé que des personnes honnêtes et de bons citoyens avaient été impliqués dans ces contrefaçons ; mais comme on ne peut empêcher le public de connaître ses ennemis, on a lu ces listes avant de les imprimer (?). Nous ne croyons pas qu'il y ait rien de faux dans la nouvelle édition que nous donnons aujourd'hui ».

P. 3-11. Réimpression modifiée des passages correspondants du n° II sur Du Rosoy, Dangremont, La Reynie, etc. P. 12. *Liste de tous les prisonniers traîtres à leur patrie, conspirateurs qui étaient détenus dans les prisons d'Orléans et qui ont*

été jugés en dernier ressort par le peuple souverain à Versailles.
P. 14. *Suite des prisonniers détenus ès-prisons d'Orléans pour crime de lèse-nation qui étaient dans la maison Saint-Charles au rez-de-chaussée.* P. 17-32. Suite de la liste de dénonciations annoncée par le titre (*Breteuil*, ex-ministre, abbé *de Vermont*).

116. — Têtes à prix. Suivi de la liste de toutes les personnes avec lesquelles la reine a eu des liaisons de débauches. Par ordre exprès de l'assemblée des Feuillants. Seconde édition. *Paris, de l'imp. de Pierre-sans-Peur*, 1792 ; in-8, 28 pp. — N° 2. Têtes à prix, avec le sommaire de leur vie et de leurs crimes, copie reçue fidèlement par un commis patriote, sur l'extrait des pièces remises au comité, avec une nombreuse liste de partie de ceux qui paraîtront dans le n° 3. Par ordre de l'assemblée des Feuillants. *Paris, de l'imprimerie de Pierre-sans-Peur,* 1792 ; in-8, 23 pp. (*N.* Lb^{39} 6055.)

P. 3 (du n° 1). *Décret* suivi de la liste des personnes dénoncées, semblable ou peu s'en faut à celle du n° 114 ci-dessus, mais où chaque nom est suivi du chiffre auquel on taxait la capture. P. 26. *Liste de toutes les personnes avec lesquelles la Reine a eu des liaisons de débauche.* (Liste également semblable à celle du n° 114 ; le nom de Dugazon y est apostillé d'une note sur les libertés que l'acteur, travesti en poissarde, aurait prises avec la reine le jeudi gras 1778).
N° II. P. 3. *Avis de l'éditeur*, suivi d'une nouvelle liste de dénonciations et de taxations (réimp. modifiée et augmentée de la liste mentionnée dans le n° II de la *Liste civile*). P. 22-23. *Liste de partie de ceux dont on donnera le sommaire de la vie et des crimes dans le 3e n°*, entièrement semblable à celle du n° II de la *Liste civile*.

116^a. — Têtes à prix... *Paris, imp. de Pierre-sans-Peur,* 1792 ; in-8, 28 pp. (*N.* Lb^{39} 6055 A.)

Réimpression du n° 1.
Dans cette réimpression, le mot « Feuillants » a été ajouté sur le titre au moyen d'un papier découpé.

117. — Le Cadran des plaisirs de la Cour ou les Aventures du petit page Chérubin, pour servir de suite à la Vie de Marie-Antoinette, ci-devant reine de France. Suivi de la Confession de Mademoiselle Sapho. *A Paris, chez les marchands de nouveautés, s. d.* (1792); in-18, 1 f. et 270 pp.

Entre le titre du volume et le titre de départ est inséré *le Calendrier des plaisirs de la Cour. Invention de Cagliostro.*

Sur les diverses éditions et réimpressions de ce pamphlet, où l'absurde le dispute à l'obscène, voyez la *Bibliographie des ouvrages relatifs à l'Amour*, v° Cadran.

118. — La Journée amoureuse, ou les derniers plaisirs de M.... A......... Comédie en trois actes, en prose, représentée pour la première fois au Temple, le 20 août 1792. *Au Temple, chez Louis Capet,* l'an Ier de la République; in-24, 67 pp. et 1 f. non ch. (N. Lb[39] 10821. Réserve.)

Deux figures dont une obscène.

Le feuillet non chiffré renferme une annonce de la *Vie privée de Marie-Antoinette* « dont le 3e volume vient de paraître ». Voyez ci-après n° 129.

Sur les écrits et pamphlets relatifs à la captivité de Marie-Antoinette au Temple, voyez tome Ier de la *Bibliographie*, n°s 3517-3579.

119. — La Confession de Marie-Antoinette, ci-devant reine de France, au peuple franc, sur ses amours et ses intrigues avec M. de La Fayette, les principaux membres de l'Assemblée nationale, et sur ses projets de contre-révolution. *De l'imp. du cabinet de la reine, s. d.;* in-8, 16 pp. (N. Lb[39] 10822. Réserve.)

120. — Observations et précis sur le caractère et la conduite de Marie-Antoinette d'Autriche, par la citoyenne Marie-Thérèse. *Chez tous les marchands de nouveautés,* 1793; in-8, 46 pp. (Br. M. F. R. 9318.)

Epigr. :
> *Les écarts de l'esprit ne sont pas ceux du cœur.*
> *L'Anglais à Bordeaux.*

En faveur de Marie-Antoinette.

121. — Marie-Antoinette à la Conciergerie, fragment historique publié par le comte Fr. de Robiano. *Paris, Baudouin frères,* 1824 ; in-12, 2 ff. et 89 pp. (*N.* Lb ^{41} 89.)

Le faux-titre porte : *Mémoires sur la Révolution.*
En regard du titre, frontispice intitulé : *Dernière communion de la Reine,* signé Devéria *del.* Couché *fils aquaforti.* Lejeune, *sculp.*

Sur le procès, la condamnation et l'exécution de Marie-Antoinette, voyez tome Ier de la *Bibliographie,* n°s 4142-4197 ; sur son transfert à la Conciergerie et la polémique, plusieurs fois ravivée, au sujet de la communion qu'elle y aurait reçue, voyez spécialement *ibid.*, n°s 4187-4194.

122. — Jugement général de toutes les p...ins françaises et de la reine des g...es, par un des envoyés du Père Éternel. *De l'Imp. des Séraphins, s. d.* (1793) ; in-8, 16 pp.

Frontispice obscène.

123. — Descente de la Dubarry aux enfers, sa réception à la cour de Pluton par la femme Capet, devenue la furie favorite de Proserpine. Caquetage entre ces deux catins. *Paris, Galletti, s. d.* ; in-8, 16 pp. (*N.* Lb ^{41} 3569).

§ IV. — Historiens de Marie-Antoinette.

A. — DE 1789 A 1802.

124. — Essais historiques sur la vie de Marie-Antoinette d'Autriche, reine de France, pour servir à l'histoire de cette princesse. *A Londres, chez Stampe, libraire,* MDCCLXXXIX ; in-8, viii-80 pp.

Les notes occupent les pages 70-80.

Le seul ex. que j'ai vu de cette édition, et qui fait partie d'une collection particulière, est orné de deux figures satiriques à l'aquatinte finement gravées.

La première a pour légende :

> Pars, vole, annonce en tous lieux
> Qu'un Dauphin est né à (sic) la France,
> Mais garde-toi d'ouvrir les yeux
> Sur le secret de sa naissance.

La deuxième, intitulée *Occupation du R...*, porte en outre :

> Car, après tout, n'en pouvant faire,
> Il peut bien bercer celui-là,
> Le débonnaire !
>
> *(Vie de Mme de L. M.)*

Ces trois vers terminent les strophes imitées de Boufflers qu'on trouve en effet à la fin du *Supplément à la Vie et aux Aventures de Mme de La Motte*, décrit sous le n° 19 ci-dessus.

Il existe de cette première édition un ex. de format grand in-4 et orné d'un frontispice libre, gravé spécialement pour ce tirage, portant en légende : *Vie privée de Marie-Antoinette*. A la suite des *Essais* se trouvent imprimés, sans titre séparé, mais avec pagination distincte, *les Amours de Charlot et de Toinette*. Cet ex. signalé dans la 5e édition du *Guide* de Cohen, revue par M. R. Portalis, a appartenu à M. Hankey.

124 [a]. — Essais historiques sur la vie de Marie-Antoinette d'Autriche, reine de France, pour servir à l'histoire de cette princesse. *A Londres,* 1789 ; pet. in-8, 1 f. et 58 pp.

P. 3. *Introduction.*

Au-dessous du titre de départ (p. 6), cette épigraphe :

> Dum vitant stulti vitia, in contraria currunt.
>
> HORAT., sat. 2.

Cat. Aug. Ducoin, 4e partie, n° 144.

Ce tirage, criblé de fautes typographiques, semble sortir d'une imprimerie sinon étrangère, tout au moins clandestine. Les notes au bas des pages sont chiffrées de 1 à 21.

124 [b]. — Essais historiques sur la vie de Marie-Antoinette d'Autriche... *Londres,* 1789 ; in-8, VIII-83 pp. (*N.* Lb [39] 73 B. Réserve.)

124 ᶜ. — Essais historiques sur la vie de Marie-Antoinette d'Autriche... *S. l. n. d. ;* in-8, 1 f. et 58 pp. (*N.* Lb³⁹ 73 C. Réserve.)

124 ᵈ. — Essai historique sur la vie de Marie-Antoinette... *S. l. n. d. ;* in-8, 1 f., 8 et 114 pp. (*N.* Lb³⁹ 73 D. Rés.)

P. 6 (des préliminaires), *Avis de l'éditeur.* « Pour la plus grande facilité du lecteur, nous avons renvoyé les notes à la fin de l'ouvrage. » Elles se trouvent en effet pp. 101-114.

124 ᵉ. — Essai historique sur la vie privée de Marie-Antoinette d'Autriche, reine de France. *A Vienne,* 1789 ; in-8, 80 pp.

L'*Introduction* est chiffrée III-VI.

124 ᶠ. — Essai historique sur la vie privée de Marie-Antoinette d'Autriche, reine de France. *A Rome, chez le successeur de Pierre Marteau,* 1789 ; in-8, 79 pp.

Armes papales gravées en bois sur le titre.

124 ᵍ. — Essai historique sur la vie privée de Marie-Antoinette d'Autriche, reine de France. *S. l.,* 1789 ; in-8, 1 f., VI-72 et 15 pp.

(Collection de l'auteur.)

Un premier faux-titre porte : *Supplément aux Essais historiques sur la vie de Marie-Antoinette, reine de France,* et précède l'*Introduction* paginée en chiffres romains et terminés par le mot *Essais (sic)* en réclame typographique. Viennent ensuite le titre reproduit ci-dessus, puis un second faux-titre, identique à ceux des tirages précédents, et orné de la même épigraphe. Les *Notes pour éclaircir le texte* ont une pagination distincte de l'*Essai* proprement dit.

124 ʰ. — Essais historiques sur la vie de Marie-Antoinette d'Autriche, reine de France, pour servir à l'histoire de cette princesse. *A Londres,* 1789 ; in-18, XIV-140 pp.

Cat. Aug. Ducoin, 4ᵉ partie, nᵒ 146.

En regard du titre, portrait de profil à g. dans un médaillon ovale avec la légende :

*Marie-Antoin^{tte}, archiduchesse d'Autriche
Reine de France.*

Même épigraphe sous le titre de départ qu'au n° précédent.
Les notes emplissent les pp. 125-140.

125. — Marie Antonette (sic) von Oesterreich, Königinn von Frankreich. Ein biographischer Bertuch ihres Privatlebens aus den Französischen. Marie-Antoinette... (Essai sur sa vie privée... Traduit du français). S. l., 1789 ; in-8, 1 f. et 97 pp. (*N*. Lb³⁹ 6207.)

Traduction de la première partie de l'*Essai* et même épigraphe qu'en tête du texte français.

126. — Essais historiques sur la vie de Marie-Antoinette d'Autriche. *A Londres,* 1789 ; in-8, xiv-140 pp. Essai historique... seconde partie. *A Versailles, chez la Montensier, hôtel des Courtisanes ;* 2 vol. in-18 (140 et 151 pp.

Cat. Aug. Ducoin, 4ᵉ partie, n° 145.

Les *Essais* sont le tirage décrit sous le n° précédent, auquel on a joint, outre le portrait, quatre très médiocres pl. accompagnées des légendes suivantes :

P. 53. *L'Attouchement de Dilon* (sic) *à Marie-Antoinette au bal.* P. 78. *Le premier baiser avec le jeune commis de la Guerre.* P. 89. *Le Decampativos de Vaudreuil.* P. 113. *Visite chez M. de Maurepas.*

Dans la seconde partie, ornée du même portrait que la première, se trouve p. 3, en regard du titre de départ, une autre figure accompagnée de cette légende : *La Reine se jette dans les bras du Roi, le jour de la Révolution à Versailles* (journées des 5 et 6 octobre).

127. — Essais historiques sur la vie de Marie-Antoinette d'Autriche, reine de France, pour servir à l'histoire de cette princesse. *Londres,* 1789 ; in-8, vi-79 pp. — Essais historiques sur la vie de Marie-Antoinette, reine de France et de Navarre, née archiduchesse d'Autriche, le 2 novembre 1755, orné de son portrait et rédigé sur plusieurs manuscrits de sa main. Seconde

partie. *De l'an de la liberté française*, 1789. *Versailles, chez la Montensier, hôtel des Courtisannes*, s. d. ; in-8, 146 pp.

En regard du titre de la seconde partie, portrait au pointillé, anonyme, de profil à dr. Sur la tablette, on lit :

> Marie Antoin^{ttᵉ} archiduchesse d'Autriche
> Reine de France.

Au-dessous, le blason aux armes de France et d'Autriche et la légende : *Marie-Antoinette, archiduchesse d'Autriche, sœur de l'Empereur, reine de France, née à Vienne le 2 novembre 1755.*

Les *Notes* de la première partie occupent les pp. 73-83.

P. 146 de cette même partie se trouve la note suivante :

« *N. B.* — L'éditeur de ces Mémoires prévient le public que ce n'est qu'à ceux-ci qu'il peut réellement croire. Depuis nombre d'années à l'affût de ce qui s'est passé à la cour de France, [il a été] quelquefois témoin des orgies de la Reine. A l'instant où il a terminé cet ouvrage, il a brûlé les matériaux qui lui ont été confiés. Prompt à saisir toutes les actions de l'infâme Messaline dont il emprunte le langage, il poursuivra à les transmettre au public *(sic)*, bien persuadé que la barbare méchanceté de cette infernale furie lui en fournira l'occasion ».

127 [a]. — Essais historiques sur la vie de Marie-Antoinette d'Autriche... *A Londres*, 1789 ; in-8, 88 pp. — Essai historique... Seconde partie. De l'an de la liberté françoise. 1789. *A Versailles, chez la Montensier, hôtel des Courtisanes*; in-8, 146 pp. et 1 f. non chiffré. (*N.* Lb [39] 73.)

En regard du titre, le petit portrait de profil à gauche de l'édition in-18.

P. 146 de la seconde partie, le *N. B.* du n° ci-dessus, et sur le feuillet non chiffré l'*avis* suivant :

« *Avis.* On prévient le public qu'il paraît une édition de cet ouvrage où il se trouve deux pièces absolument inutiles et étrangères qui paraissent depuis très longtemps, intitulées : *Réception* et *Pénitence du comte d'Artois ;* nous n'avons pas jugé à propos de grossir notre édition de ces deux feuilles qui n'ont été ajoutées que pour débarrasser les magasins du marchand et grossir le volume ».

Voyez le n° suivant.

127 b. — Essai historique (sic) sur la vie de Marie-Antoinette... suivi de la Réception du comte d'Artois chez l'Électeur de Cologne, frère de la Reine, et de la Pénitence du comte d'Artois.— Seconde partie. *De l'an de la liberté française* 1789. *Versailles, chez la Montensier, hôtel des Courtisannes, s. d.*; in-8, 146 pp. — Réception du comte d'Artois chez M. l'Électeur de Cologne, frère de la reine de France. *Bruxelles, imp. de Linguet*, 1789 ; in-8, 40 pp. — Pénitence du comte d'Artois imposée par le R. P. Dom Jérôme, grand inquisiteur d'Espagne, pour servir de suite à la Confession. S. l. n. d. ; in-8, 16 pp. (N. Lb 39 73 A. Rés.)

En regard du titre, portrait anonyme au pointillé, décrit sous le n° 127 ci-dessus. Le *N. B.* du même n° est reproduit p. 146, mais l'*Avis* est naturellement supprimé.

127 c. — Essais historiques sur la vie de Marie-Antoinette d'Autriche, reine de France. *A Londres*, 1789 ; in-8, viii-56 pp. — Seconde partie des Essais historiques sur la vie de Marie-Antoinette, reine de France et de Navarre, née archiduchesse d'Autriche le 2 novembre 1755, rédigé (sic) sur plusieurs manuscrits de sa main. De l'an de la liberté française 1789. *A Versailles, chez la Montensier, hôtel des Courtisanes;* in-8, 72 pp.

Catalogue Aug. Ducoin, 4e partie, n° 149.

Le nom de l'auteur de ce pamphlet, dont les réimpressions multiples attestent assez la vogue, est toujours et demeurera sans doute inconnu. Dans une note du *Bulletin du Bibliophile* de septembre 1836, reprise avec additions, à la fin de ses *Enigmes et découvertes bibliographiques* (1866, in-18), Paul Lacroix a cru pouvoir, sur de vagues témoignages de contemporains survivants et contre toute vraisemblance et toute équité, attribuer ces *Essais* à Brissot. Il est plus probable que cette mise en œuvre des « propos d'une domesticité malveillante », — l'expression est de M. G. Desjardins, — provient de ces officines de Londres où, vers la fin du règne de Louis XV et jusqu'en 1789, se sont fabriqués tant de libelles, avec la connivence de ceux qui étaient chargés de les poursuivre. La seconde partie a-t-elle la même origine ? C'est probable et le nom de Sade, que Paul Lacroix avait d'abord allégué, ne se justifie pas plus dans l'espèce que celui de Marat auquel il avait plus tard songé et qu'il nous montre imprimant ce pamphlet, en même temps que l'*Ami du peuple,* dans une cave du Palais-Royal prêtée par le duc d'Orléans.

128. — La Cour de Louis XVI dévoilée, ou Mémoires pour servir à l'histoire des intrigues secrètes, actions et débordements de Marie-Antoinette, dispensatrice et usurpatrice du pouvoir exécutif pour le royaume de France. Orné de 26 gravures en taille-douce, en deux volumes en trois parties. *A Paris, se vend aux Tuileries et ailleurs,* 1791 ; 3 parties in-16.

Premier titre d'une publication remise en circulation et augmentée sous le titre suivant.

Je ne connais de celui que je viens de transcrire qu'un seul exemplaire conservé dans une collection particulière.

129. — Vie privée, libertine et scandaleuse de Marie-Antoinette d'Autriche, ci-devant reine des Français, depuis son arrivée en France, jusqu'à sa détention au Temple. Nouvelle édition augmentée d'un troisième volume. *Paris, au palais de la Révolution,* 1793 ; 3 vol. in-18. (*N.* Lb ^{39} 6208. Réserve.)

Tome Ier, 144 pp., tome II, 1 f. et 142 pp. (la 3e partie commence p. 107) ; tome III (4me partie), 1 f. et 138 pp. Les figures des trois premières parties (la plupart obscènes et accompagnées de légendes en distiques) sont numérotées de 1 à 26, y compris le portrait au bas duquel on remarque un attribut libre. Les figures du tome III ne portent pas de n^{os}, mais seulement une pagination. Trois d'entr'elles (Affaire du Champ-de-Mars)[17 juillet 1791], Attaque des Tuileries et Entrée de la famille royale à l'Assemblée législative [10 août 1792] semblent appartenir à une autre publication, car les légendes ne sont point conformes au texte des passages correspondants. Les deux autres représentent un épisode des soi-disant rendez-vous de la reine et de La Fayette et l'Apparition de Frédégonde à Marie-Antoinette, mais elles ne sont point indécentes.

Dans l'ex. de réserve (enfer) de la B. N. est relié un premier titre portant :

— Vie de Marie-Antoinette d'Autriche, reine de France, femme de Louis XVI, roi des Français, depuis la perte de son pucelage jusqu'au 1er mai 1791, orné de vingt-six figures, augmentée d'une 3e partie. *Avec permission de la Liberté. Paris, chez l'auteur et ailleurs.*

La rubrique des trois volumes de la *Vie privée, libertine et scandaleuse...* porte au contraire : *Aux Tuileries et au Temple, et se trouve au Palais de l'Égalité, chez les marchands de nouveautés, l'an I.*

130. — Vie de Marie-Antoinette d'Autriche, femme du dernier tyran des Français, depuis son arrivée en France jusqu'à sa mort. Ornée de gravures. *Paris, maison Égalité. Seconde année de la République;* 4 parties en 3 tomes in-18.

Cat. A. Ducoin, 4e partie, n° 177.

En regard du titre du tome Ier (1 f. et 129 pp.), portrait de profil à g. dans un cadre ovale, avec cette légende :

Marie-Antoinette-d'Autriche,
Femme du dernier tyran des Français.

Le frontispice du tome II (1 f. et 130 pp.), représente la comparution de la reine devant le tribunal.

Une loi juste autant que nécessaire
Va punir une femme hardie et téméraire.

La 3e partie commence p. 97 du tome II.

Le frontispice du tome III (1 f. et 138 pp.), montre la reine sur l'échafaud au moment de l'exécution.

De l'audace et du crime ainsi telle est la fin,
Tremblez, conspirateurs : c'est là votre destin.

La rubrique est : *Paris, au palais de la Révolution.*

Le titre de départ porte : *Vie politique et libertine de Marie-Antoinette, tome III, IVe partie.*

P. 113-138. *Lettres* (apocryphes) *trouvées dans un petit portefeuille vert renfermé dans un compartiment secret du bureau de la Reine.*

131. — Le Cri de la douleur sur la tombe de Marie-Antoinette. *Londres et la Haye,* 1793 ; in-8.

D'après un catalogue.

132. — Les Malheurs et la Mort de Marie-Antoinette, archiduchesse d'Autriche, reine de France, immolée à Paris le 16 octobre 1793, par M. l'abbé Esquirou de Duyé, de la province d'Auvergne. *Mons, Monjot, s. d. ;* in-8, 42 pp.

Catalogue Aug. Ducoin, 4e partie, n° 186.

133. — Leben der Kœnigin Marie-Antoinette von Frankreich. *Cœln,* 1789-1790 ; 2 vol. in-8 (et) *Nüremberg,* 1793 ; 2 vol. in-8.

Par Ludwig-Albrecht Schubart.
D'après *le Quérard,* n° 93 et Œttinger.

134. — Biographie Marien-Antonien's weiland Kœnigin in Frankreich. *Bamberg,* 1793 ; in-8.

Avec portrait. D'après *le Quérard* (n° 226) et Œttinger.

135. — Leben Marien-Antonien's Kœnigin von Frankreich. *Wien,* 1793 ; in-8 (et) *Augsbourg,* 1793 ; in-8.

D'après *le Quérard* (n° 227) et Œttinger.

136. — Wypsani smirti Marie-Antoine Kralomy francouske, von W. M. Kamerarius. *Praze* (Prague), 1793 ; in-8.

D'après *le Quérard* (n° 228) et d'après Œttinger.

137. — Anecdoten aus dem Leben Ludwig's and Marie-Antoinette. *Berlin,* 1793-1795 ; 2 vol. in-8.

D'après *le Quérard* (n° 229) et d'après Œttinger.

138. — Storia di Maria Antonietta, regina di Francia, suo piocesso e sua morte. *Trieste*, 1794 ; in-8.

D'après *le Quérard* (n° 231) et d'après Œttinger.

139. — Scenen aus den letzten Tagen Marie-Antoinetten's Kœnigin von Frankreich, von Aloys-Wilhelm Schreiber. *Offenburg*, 1794 ; in-12.

D'après *le Quérard* (n° 232) et d'après Œttinger.

140. — Marie Stuart und Marie-Antoinette inder Unterwelt, von Johann Ferdinand Gaum. *Ulm*, 1794 ; in-8.

D'après *le Quérard* (n° 233) et d'après Œttinger.

141. — Tableau des malheurs de la Reine. S. *l. n. d.*; in-8.

D'après *le Quérard*, n° 218.

142. — Les crimes de Marie-Antoinette d'Autriche, dernière reine de France, avec les pièces justificatives de son procès, pour servir de supplément aux premières éditions des « Crimes des reines de France ». Publiés par L. Prudhomme. *A Paris, au bureau des Révolutions de Paris, an II de la République ;* in-8. (*N.* Lb[39] 74.)

Extrait paginé 433-50, précédé d'un faux-titre et suivi d'une table des matières du volume dont il est tiré.

143. — Recueil de quelques anecdotes de la vie de Marie-Antoinette, archiduchesse d'Autriche, reine de France et de Navarre. *S. l.*, 1794 ; in-8, 38 pp. et 1 f. d'errata.

Épigr. :
Fundite lugubres, socii, nunc fundite fletus.

Épître dédicatoire signée W. : *Au peuple le plus malheureux de l'univers.*

P. 2. *Lettre de mon ami,* signée Dechassin, écuyer de Mme la Ctesse d'Artois.

144. — Marie-Antoinette d'Autriche, reine de France ou causes et Tableau de la Révolution, par M. le chev.

de M***. *S. l. (Turin)*, 1794 ; in-8, 142 pp. (la dernière non chiffrée) (*N.* Lb 39 6209.)

ÉPIGR. :
Nolite tangere Christos meos.

Les *errata* sont mentionnés sur la page non chiffrée.

144 a. — Marie-Antoinette, archiduchesse d'Autriche... par le chevalier de M.... Nouvelle édition, revue et augmentée. *S. l.*, 1795 ; in-12, 132 pp. et 1 f. d'errata. (*N.* Lb 39 6209 A.)

Même épigraphe qu'au n° précédent.

144 b. — Marie-Antoinette, archiduchesse d'Autriche... ou Causes et Tableau de la Révolution, par M. le chevalier DE MAYER, etc., etc. *S. l.*, 1794 ; in-8, 142 pp. (la dernière non chiffrée). (*N.* Lb 39 6209 B.)

Même épigraphe qu'aux deux n°s précédents. La page non chiffrée contient les *errata*.

Frontispice à l'eau-forte représentant un tombeau surmonté d'un buste voilé et portant l'inscription suivante que trace un personnage (l'auteur) : « Un trône brillant lui avait été promis ; elle n'a pas même un tombeau... »

Deux autres eaux-fortes anonymes ornent ce volume : P. 48 : « Ils prient pour nous ! Quel plaisir l'on goûte à faire du bien ! » ; p. 132 : « Seule, recueillie comme les premiers chrétiens devant une image sacrée ».

145. — Différentes anecdotes sur le martyre de Marie-Antoinette d'Autriche, infortunée reine de France et de Navarre. *Vienne, chez Ignace Alberti*, MDCCXCIV ; in-8, 40 pp.

Collection de l'auteur.

Les douze premières pages non chiffrées renferment le titre, une épître dédicatoire à l'Impératrice Marie-Thérèse datée de Vienne, 29 novembre 1793, et signée LOUISE DE RYAMPERRE et un *Avertissement*.

Quant aux *Anecdotes* annoncées, il serait inutile de les chercher dans cette déclamation ampoulée et hérissée de points suspensifs et de points d'exclamation.

L'*Avertissement* fait allusion à une première brochure où l'auteur disait, paraît-il, beaucoup de bien des femmes et du peuple français ; je ne la connais pas.

146. — Schilderung des Lebens and Charakters der Königin Marie-Antoinette von Frankreich, mit dem Bildnisse der Königin, von dem Verfasser des Lebens und Regierungs geschichte Ludwigs des Sechzehnten (Tableau de la vie et du caractère de la reine Marie-Antoinette de France, avec le portrait de la reine, par l'éditeur de l'histoire de la vie et du règne de Louis XVI). *Brême, Fred. Wilmans*, 1794 ; in-12, 150 pp. (*N.* Lb^{39} 11100.)

Portrait de Marie-Antoinette au pointillé, signé : A. Stoltrup *sc.*

Par Christophe Girtaner.

147. — Histoire de Marie-Antoinette-Josèphe-Jeanne de Lorraine, archiduchesse d'Autriche, reine de France, par l'auteur de l' « Éloge de Louis XVI » (Montjoye). *Paris, imp. H.-L. Perronneau*, 1797 ; in-8, xx-535 pp. (*N.* Lb^{39} 75.)

En regard du titre, portrait anonyme de face en buste dans un ovale, avec la légende en caractères d'écriture : *Marie-Antoinette-Josèphe-Jeanne de Lorraine, archiduchesse d'Autriche, reine de France*. Entre les pp. 464 et 465, pl. anonyme repliée représentant Marie-Antoinette dans son cachot et le plan de ce cachot et de ses annexes.

Voyez les deux n^{os} suivants.

147^a. — Histoire de Marie-Antoinette, reine de France, par l'auteur de l' « Éloge de Louis XVI ». Nouvelle édition, dédiée à Mme la duchesse d'Angoulême, revue, corrigée, augmentée et ornée de figures. *Paris, veuve Lepetit*, 1814 ; 2 vol. in-8.

D'après *le Quérard*, n° 238.

Par une lettre adressée à *la Quotidienne* (11 décembre 1814), Bertrand de Moleville a protesté contre le rôle que l'auteur lui attribuait dans les conseils de Louis XVI.

147 ᵇ. — Histoire de Marie-Antoinette-Josèphe-Jeanne de Lorraine... Troisième édition dédiée à S. A. R. Madame duchesse d'Angoulême, revue, corrigée et augmentée du fac-simile du testament de la Reine calqué sur l'original et beaucoup plus correct que ceux qui ont paru jusqu'à présent, et de toutes les pièces relatives à la découverte de ce testament, ornée de figures, par M. Montjoye, auteur de l' « Ami du Roi », de l' « Éloge de Louis XVI », etc. *Paris, Mᵐᵉ veuve Lepetit,* 1816 ; 2 vol. in-8. (*N.* Lb³⁹ 73 A.)

En regard du titre, portrait de Marie-Antoinette signé : Forsell sculpt. En regard du titre du tome II, pl. intitulée *la Reine de France dans sa dernière prison*, signée Dessenne *(sic) del. ;* Forssell *sculp.* P. 158, plan du cachot de la Conciergerie. P. 288, fac-simile de la dernière lettre de Marie-Antoinette à Madame Élizabeth.

Pp. xxi-xxiii, de l'*Avertissement*, l'auteur déclare ne reconnaître que cette édition et celle de 1797 et rappelle avec complaisance les contrefaçons dont ses livres avaient été l'objet. A l'en croire, il était sorti d'une seule imprimerie 60.000 ex. de son *Histoire de la conjuration d'Orléans* et 30.000 de son *Éloge de Louis XVI*.

148. — Vie de Marie-Antoinette-Josèphe-Jeanne de Lorraine, archiduchesse d'Autriche, reine de France et de Navarre. *Paris, Capelle, an X,* 1802 ; 3 vol. in-12. (*N.* Lb³⁹ 76.)

En regard du titre du tome Iᵉʳ, portrait anonyme (de face, en buste, toque et panache). Au tome II, portraits sur une seule pl. de Louis XVI, Marie-Thérèse, le Dauphin, Madame Première, le comte d'Artois, Madame Élizabeth. Au tome III, portraits sur une seule pl. de Mᵐᵉˢ de Polignac, de Lamballe, de La Motte, du cardinal de Rohan, du duc d'Orléans et de La Fayette.

Par Babié de Bercenay, sur des matériaux fournis par Capelle et S. de La Platière.

149. — Maximes et pensées de Louis XVI et d'Antoinette,

avec des notes secrètes sur différents grands personnages. *Hambourg ; et Paris, Lerouge,* 1802 ; in-8, 2 ff. et 230 pp. (*N.* Lb ^{39} 6187.)

C'est en réalité une collection d'anecdotes sur le roi et la reine, depuis l'origine de la Révolution jusqu'à leur mort. L'auteur s'y montre particulièrement sévère pour Marie-Antoinette.

B. — DE 1814 JUSQU'A NOS JOURS.

150. — Vie de Marie-Antoinette, reine de France et de Navarre, contenant le détail historique des principaux événements de son règne, ses traits de bonté et de bienfaisance, sa détention au Temple et à la Conciergerie, et son procès, par J.-B.-M.-J. MESLÉ. *Paris, Aubry, s. d.* (1814); in-18, 108 pp. (*N.* Lb ^{39} 81.)

ÉPIGR. :
Infandum jubes renovare dolorem.
VIRG.
Portrait en regard du titre.

151. — Marie-Antoinette, archiduchesse d'Autriche, reine de France. *Paris, Le Fuel,* 1814 ; in-18, 2 ff. et 108 pp. (*N.* Lb ^{39} 82.)

Titre gravé, et trois portraits et vignettes signés SÉB. LE ROY *del.,* NOEL *sculp.*
P. 100, fac-similé des billets de Marie-Antoinette et Madame Élizabeth au comte de Provence déjà publiés par Cléry.

152. — Oraison funèbre de Marie-Antoinette, archiduchesse d'Autriche, fille de l'impératrice-reine Marie-Thérèse, femme de Louis XVI. Dédié à S. A. R. Madame, duchesse d'Angoulême, par F. ROULLION-PETIT, ancien professeur d'éloquence et de philosophie. *Paris, Cérioux jeune, Chaignieau jeune (impr. Chaignieau jeune),* 1814 ; in-8, 36 pp.

153. — Les Adieux de Marie-Antoinette d'Autriche, reine

de France à Marie-Thérèse-Charlotte de France, sa fille, aujourd'hui Madame la duchesse d'Angoulême, héroïde, par le comte César Du Bouchet, avec des notes historiques. *Paris, Lerouge,* 1814 ; in-8, 32 pp.

P. 5, *Avant-propos.* P. 10. Les *Adieux de la Reine.* P. 23-32, *Notes* (en prose).

154. — Marie-Antoinette d'Autriche, reine de France et de Navarre. Précis historique de la vie de cette infortunée princesse, par M. de Vouziers. *Paris, Tiger,* 1815 ; in-18, 108 pp. (*N.* Lb ^{39} 83.)

Le véritable nom de l'auteur est P.-J. Moithey, de Vouziers, d'après Quérard.
Portrait en regard du titre.

155. — Marie-Antoinette d'Autriche, reine de France. Recueil historique des principaux événements arrivés à cette auguste princesse, suivis de ceux dont Louis XVII fut victime au Temple, etc., publié par L. de Saint-Hugues. *Paris, H. Vauquelin,* 1815, in-18, 108 pp. (*N.* Lb ^{39} 84.)

Précédé d'un portrait et d'un titre gravé représentant Louis XVII, avec cette légende : « Les vœux de l'innocence ont été exaucés », et cette rubrique : *A la librairie du Lys d'Or, à Paris.*

156. — Les bienfaits et les malheurs de Marie-Antoinette d'Autriche, reine de France. *Bordeaux, imp. Fernel,* s. d. (1816) ; in-12, 12 pp. (*N.* Lb ^{39} 85.)

Signé : par Jh. Bouvet.
Un second ex. en tout semblable est porté au catalogue imprimé de la B. N. sous la cote Lb ^{41} 3415.

157. — Le Crime du seize octobre ou les Fantômes de Marly, monument poétique et historique élevé à la mémoire de Marie-Antoinette d'Autriche, reine de France, et du jeune roi, son fils, par M. Lafont

d'Aussonne, auteur de l' « Histoire de Mme de Maintenon et de la cour de Louis XIV ». *Paris, Pichard; Dentu; Ferry; Alexis Eymery*, 1820 ; in-8, 40 et 2 pp. (table des matières).

P. 11-40, *Notes historiques* (dont beaucoup sont intéressantes).

158. — Mémoires secrets et universels des malheurs et de la mort de la reine de France, par M. Lafont d'Aussonne, auteur de l' « Histoire de Mme de Maintenon et de la cour de Louis XIV », suivis d'une notice historique sur la garde Brissac, et de la liste générale des souscripteurs au grand portrait en pied de la reine. *Paris, Petit; Pichard*, 1824 ; in-8, viii-432 pp. (*N.* Lb[39] 88.)

Épigr. :
Que deviendra mon royaume quand je ne serai plus ?
(Paroles de Louis XIV.)

158 ª. — Mémoires secrets et universels des malheurs et de la mort de la Reine de France par M. Lafont d'Aussonne..... Nouvelle édition augmentée des plus importantes révélations et ornée des ressemblants portraits de la reine et du jeune roi son fils Louis XVII, avec le fac-similé du testament de mort de Marie-Antoinette. *Paris, A. Philippe*, 1836 ; 2 vol. in-8 (*N.* Lb[39] 88 A.)

En regard du titre du tome Ier, vue du Temple (Civeton *del.*, Couché fils, *sculp.*), empruntée à la collection Baudouin; tome II, fac-similé des billets de Marie-Antoinette à Jarjayes.

159. — Histoire de Marie-Antoinette, archiduchesse d'Autriche, reine de France et de Navarre, rédigée d'après les mémoires et les traditions les plus authentiques, par N. L. Achaintre, pensionnaire du roi. Dédiée à son Altesse Royale Madame la duchesse d'Angoulême. *Paris, Mme Picard*, 1824 ; in-12, xvi-436 pp. (*N.* Lb[39] 11420.)

160. — Marie-Antoinette devant le dix-neuvième siècle par Mme Simon-Viennot. *Paris, J. Angé,* 1838 ; 2 vol. in-8.

Le livre a été remis en circulation avec un nouveau titre portant « 3º édition » et un détestable portrait anonyme de la Reine.

161. — Histoire de Marie-Antoinette, suivie d'un précis de la vie de Mme Élisabeth. *Lille, L. Lefort,* 1842 ; in-12. (*N.* Lb ^{39} 91.)

La B. N. a enregistré sous les cotes Lb ^{39} 91 A.-E., diverses réimp. publiées de 1845 à 1864. Voyez aussi le nº suivant.

Le frontispice représentant la reine séparée du Dauphin n'est point le même dans ces divers tirages.

162. — F. Lafuite. Marie-Antoinette et Madame Élizabeth. Septième édition. *Lille et Paris, Lefort, s. d.* (1873) ; in-8, 228 pp. (*N.* Lb ^{39} 91 bis.)

Frontispice représentant la même scène.
Plusieurs fois réimp.

163. — Life of Marie-Antoinette, queen of France, by John. S.-C. Abboth. *London,* 1849 ; in-8, portrait.

D'après *le Quérard,* nº 263.

164. — Vie de Marie-Antoinette, reine de France, par L. de Saint-Germain. *Rouen, imp. Mégard,* 1853 ; in-18, 213 pp. (*N.* Lb ^{39} 92.)

Bibliothèque morale de la jeunesse.
Plusieurs fois réimpr.

165. — Marie-Antoinette de Lorraine, reine de France, par Arthur de Seine. *Limoges, Barbou frères,* 1854 ; in-8, 192 pp. (*N.* Lb ^{39} 93.)

Bibliothèque chrétienne et morale.

166. — Koeniglichen Martyrthum. Geschichte der Gefangenschaft der Koenigin Marie-Antoinette, der Koenigs

Ludwig XVI, der Dauphine Maria Thérésia, von GEORGE HESEKIEL. *Berlin, Rauh*, 1856 ; in-8, viii-137 pp.

D'après *le Quérard*, n° 136*.

167. — Histoire de Marie-Antoinette, par EDMOND et JULES DE GONCOURT. *Paris, Didot frères*, 1858 ; in-8, 2 ff. et 429 pp. (*N*. Lb [39] 6210.)

167 [a]. — Histoire de Marie-Antoinette, par EDMOND et JULES DE GONCOURT. Deuxième édition, revue et augmentée de documents inédits et de pièces tirées des Archives de l'Empire. *Paris, Didot frères*, 1859 ; in-8, 2 ff. et 471 pp. (*N*. Lb [39] 6210 A.)

167 [b]. — Histoire de Marie-Antoinette par EDMOND et JULES DE GONCOURT. Troisième édition, revue et augmentée... *Paris, Firmin Didot frères*, 1863 ; in-12, 2 ff. et 463 pp. (*N*. Lb [39] 6210 B.)

Dans ce nouveau tirage, les références au bas des pages sont supprimées.

167 [c]. — Histoire de Marie-Antoinette, par EDMOND et JULES DE GONCOURT. Nouvelle édition, revue et augmentée de lettres inédites et de documents nouveaux tirés des Archives nationales. *Paris, G. Charpentier*, 1879 ; in-18, vi-496 pp. (*N*. Lb [39] 6210 D).

Pp. v-vi. *Préface* nouvelle, signée EDMOND DE GONCOURT.

167 [d]. — E. ET J. DE GONCOURT. Histoire de Marie-Antoinette, édition ornée d'encadrements à chaque page par GIACOMELLI et de douze planches hors texte, reproduction d'originaux du xviii° siècle. *Paris, G. Charpentier*, 1878 ; in-4, viii-512 pp. (*N*. Lb [39] 6210 E.)

La liste des pl. hors texte occupe deux pages non chiffrées après la *Préface* ; elle mentionne non point douze, mais treize pl. Un ex., pour être complet, doit en contenir quatorze : cette pl. supplémentaire représente un bol-sein fabriqué à Sèvres pour les jardins de Rambouillet et adopté pour Trianon, suivant une note de Sauvageot collée sous le specimen appartenant à la princesse Mathilde et reproduit en couleur par la photochromie Léon Vidal.

Les notes, indiquées dans le texte par des chiffres, sont groupées pp. 475-505.

168. — Souvenirs historiques sur la reine Marie-Antoinette, par le comte H. DE VIEL-CASTEL. *Paris, J. Techener,* 1858 ; in-8, 24 pp. (*N.* Lb^{39} 6211.)

Extrait du *Bulletin du Bibliophile* de 1857, suivi (p. 24) d'une note J. TECHENER annonçant |une publication illustrée qui n'a pas eu lieu. Voyez le n° suivant.

169. — Marie-Antoinette et la révolution française, recherches historiques, par le Comte HORACE DE VIEL-CASTEL, suivies des instructions morales remises par l'impératrice MARIE-THÉRÈSE à la reine Marie-Antoinette, lors de son départ pour la France en 1770, et publiées d'après le manuscrit inédit de l'empereur François, son père. *Paris, Techener,* 1859 ; in-18, 2 ff., 4-360-LXXXII pp. et 1 f. d'errata. (*N.* Lb^{39} 6212.)

L'*Instruction* est paginée en chiffres romains.

L'éditeur se proposait de donner de ce travail une édition in-4 accompagnée de planches. Trois d'entr'elles ont été gravées par A. GUILLAUMOT : le sceau de la Reine ; le croquis de DAVID pris d'une fenêtre de la rue Saint-Honoré, au moment où passait la charrette qui conduisait Marie-Antoinette à l'échafaud, et le soulier qu'elle aurait perdu en se livrant aux exécuteurs.

Il existe également une feuille imprimée de cette édition avortée.

170. — La vraie Marie-Antoinette, étude historique, politique et morale, suivie du recueil réuni pour la première fois de toutes les lettres de la reine connues jusqu'à ce jour, dont plusieurs inédites, et de divers documents par M. DE LESCURE. *Paris, Dupray de La Mahérie,* 1863 ; in-8, 256 pp. (*N.* Lb^{39} 6214.)

En regard du titre, portrait gravé sur acier par Adrien Nargeot d'après la peinture de Prieur.

P. 53. *Documents*. I. Liste de toutes les lettres de Marie-Antoinette qui ont passé dans les ventes depuis 1800, avec les prix (Rédigée par Gabriel Charavay.). P. 65. II. Correspondance de la Reine connue jusqu'à ce jour et réunie pour la première fois, comprenant plusieurs lettres inédites [et apocryphes]. P. 157. III. Catalogue des portraits de la reine Marie-Antoinette. P. 179. IV. Bio-bibliographie de Marie-Antoinette. P. 241. V. Relation inédite du baron de Charmel (intendant de Trianon).

171. — Bio-bibliographie de la reine Marie-Antoinette. *Paris, Dupray de La Mahérie*, 1863 ; in-8, 62 pp. (*N.* Lb 39 6215.)

Par MM. de la Sicotière et de Lescure.

Voyez le n° précédent et l'avertissement du présent travail.

171 a. — La vraie Marie-Antoinette... par M. de Lescure. Troisième édition augmentée d'une préface de l'auteur. *Paris, Henri Plon*, 1867 ; in-8, xxxii-256 pp. (*N.* Lb 39 6214 A.)

Cette « troisième édition » n'est en réalité que la première dont on a réimprimé le titre et la table et à laquelle on a ajouté, en guise de préface, l'article publié par l'auteur dans la *Revue contemporaine* sur les recueils d'Hunolstein et Feuillet de Conches.

172. — Marie-Antoinette, ses derniers historiens. Une supercherie littéraire : Lettres inédites de Louis XVI. Les récents travaux sur la Terreur : MM. Mortimer-Ternaux et Campardon. Par G. Du Fresne de Beaucourt. Extrait de la « Revue indépendante », octobre 1863. *Lille, imp. Béhague*, 1863 ; in-8, 14 pp. (*N.* Lb 39 6216.)

On lit au verso du titre : « Tiré à 25 exemplaires ».

173. — Marie-Antoinette et sa famille, d'après les nouveaux documents, par M. de Lescure. Illustré de dix

gravures sur acier, par G. Staal. *Paris, Ducrocq, s. d.* (1865) ; gr. in-8, viii-668 pp. (*N.* Lb [39] 6218.)

Le portrait et les compositions de G. Staal n'ont aucune valeur historique.

Le livre a eu l'année suivante une seconde édition réelle, ornée des mêmes planches et rafraîchie en 1872 par un nouveau titre portant *Troisième édition.* Il a été depuis l'objet d'un nouveau tirage. Voyez le n° suivant.

173 a. — M. de Lescure. Marie-Antoinette et sa famille. Quatrième édition. Soixante-dix compositions de MM. Delort, Du Paty, Gerlier, Monginot, Scott, Tofani, gravure de J. Méaulle. *Paris, P. Ducrocq,* 1879 ; gr. in-8, viii-566 pp. (*N.* Lb [39] 6218 C.)

Préface nouvelle datée de Maisons, 20 octobre 1878. Dans un nouveau tirage (1888) la date est supprimée.

174. — Mémoires sur Marie-Antoinette, d'après des documents authentiques et inédits, par M. Adolphe Huard, membre et lauréat de plusieurs Académies. Ouvrage suivi de l'oraison funèbre de la reine de France, par l'abbé Vitrac, promoteur métropolitain du diocèse de Limoges. *Paris, Martin-Beaupré frères,* 1865 ; in-18, 364 pp. (la dernière non chiffrée). (*N.* Lb [39] 6219.)

L'*Oraison funèbre* de l'abbé de Vitrac avait été prononcée en Espagne durant l'émigration de l'auteur et imprimée à Limoges en 1814 avec d'autres morceaux de même nature.

174 a. — Mémoires sur Marie-Antoinette..., par M. Ad. Huard... Deuxième édition. *Paris, Sarlit,* 1866 ; in-18. (*N.* Lb [39] 6219 A.)

175. — Deux femmes de la Révolution, par Charles de Mazade. *Paris, Michel Lévy frères,* 1866 ; in-18, 2 ff. et xii-272 pp. (*N.* Ln [17] 78.)

P. 1. *Madame Roland.* P. 99. *Marie-Antoinette.*

Réimpression, avec introduction nouvelle, de deux articles parus dans la *Revue des Deux-Mondes* du 15 octobre 1864 et du 1er janvier 1865. Dans sa seconde étude, l'auteur a fait usage des documents suspects publiés par MM. d'Hunolstein et Feuillet de Conches.

176. — Marie-Antoinette, reine de France, par JAMES DE CHAMBRIER. *Paris, L. Hachette et Cie ; Neufchatel (Suisse), J. Sandoz,* 1868 ; 2 vol. in-8. (*N.* Lb ^{39} 6221.)

176 ^{a}. — Marie-Antoinette..., par JAMES DE CHAMBRIER. Deuxième édition revue. *Paris, Didier et Cie ; Neufchatel, J. Sandoz,* 1871 ; 2 vol. in-18. (*N.* Lb ^{39} 6221 A.)

Imprimée chez Lahure. Voyez le n° suivant.

176 ^{b}. — Marie-Antoinette..., par JAMES DE CHAMBRIER. Troisième édition revue. *Paris, Perrin et Cie,* 1887 ; 2 vol. in-18. (*N.* Lb ^{39} 6221 B.)

Imprimée (sauf les titres et couvertures) chez Marchessou au Puy.

177. — La Mère et la fille. Marie-Thérèse et Marie-Antoinette, par Mme la comtesse D'ARMAILLÉ, née DE SÉGUR. *Paris, Didier et Cie,* 1870 ; in-12, 2 ff. et II-346 pp. (*N.* Inv. M. 23454.)

Les mots : *La Mère et la fille* ne figurent que sur la couverture du livre.

L'auteur emprunte exclusivement ses citations aux recueils d'Arneth.

178. — Extrait du « Correspondant ». Marie-Antoinette et l'émigration, d'après des documents inédits, par MAXIME DE LA ROCHETERIE. *Paris, Ch. Douniol et Cie,* 1875 ; in-8, 146 pp. (*N.* Lb ^{39} 11119.)

L'auteur s'est particulièrement servi des papiers et de la correspondance de la marquise de Raigecourt, née de Causans, qu'il a publiée depuis pour le compte de la Société d'histoire contemporaine.

179. — GEORGES AVENEL. La Vraie Marie-Antoinette.

Paris, à la Librairie illustrée, s. d. (1876); in-18, 117 pp. et 3 ff. non chiffrés (*N*. Lb 39 11135).

Les feuillets non chiffrés contiennent la table et la liste des publications de l'auteur.

Réimpression de l'étude consacrée à la *Correspondance secrète de Mercy-Argenteau* avec Marie-Thérèse et formant le chapitre XXV des *Lundis révolutionnaires* d'Avenel.

180. — The life of Marie-Antoinette, queen of France, by CHARLES DUKE YONGE, regius professor of modern history and english literature in Queen's college, Belfast, author of « The History of the british Navy », etc., etc. *London, Hurst and Blackett,* 1876 ; 2 vol. in-8. (*N*. Lb 39 11195.)

Portrait en regard du titre du tome Ier.

181. — Les Femmes de Versailles. Les Beaux Jours de Marie-Antoinette, par IMBERT DE SAINT-AMAND. *Paris, E. Dentu,* 1879 ; in-12, 2 ff. et 360 pp. (*N*. Lb 39 11302.)

Voyez les deux n^{os} suivants.

182. — Les Femmes de Versailles. La Fin de l'ancien régime, par IMBERT DE SAINT-AMAND. *Paris, E. Dentu,* 1879 ; in-12, 2 ff. et 330 pp. (*N*. Lb 39 11232.)

Remis en circulation sous le titre suivant.

183. — Les Femmes de Versailles. Marie-Antoinette et la Fin de l'ancien régime, 1781-1789, par IMBERT DE SAINT-AMAND. *Paris, E. Dentu,* 1882 ; in-12, 2 ff. et 330 pp.

184. — Les femmes des Tuileries. Marie-Antoinette et l'Agonie de la royauté, par IMBERT DE SAINT-AMAND. *Paris, E. Dentu,* 1882 ; in-12, 2 ff. et 444 pp. (*N*. Lb 39 11290.)

185. — IMBERT DE SAINT-AMAND. Les Femmes de Ver-

sailles. La Cour de Marie-Antoinette. *Paris, E. Dentu,* 1887 ; in-4, 2 ff. et 503 pp. (*N*. Lb 39 11411.)

Réimpression sous un titre unique de deux études du même écrivain : *Les Beaux jours de Marie-Antoinette* et *Marie-Antoinette et la fin de l'ancien régime.*
Portraits et planches sur acier empruntés aux *Galeries de Versailles* de Gavard.

186. — Les Femmes des Tuileries. Marie-Antoinette aux Tuileries, 1789-1791, par Imbert de Saint-Amand. *Paris, E. Dentu,* 1882 ; in-12, 2 ff. et 318 pp. (*N*. Lb 39 11280.)

187. — Les Femmes des Tuileries. La dernière année de Marie-Antoinette, par Imbert de Saint-Amand. *Paris, E. Dentu,* 1881 ; in-12, 2 ff. et 344 pp. (*N*. Lb 39 11216.)

188. — Imbert de Saint-Amand. Les Femmes des Tuileries. Les dernières années de Marie-Antoinette. *Paris, E. Dentu,* 1889 ; in-4, 2 ff. et 715 pp. (*N*. Lb 39 11456.)

Réimpression de *Marie-Antoinette aux Tuileries,* de *Marie-Antoinette et l'Agonie de la royauté* et de la *Dernière année de Marie-Antoinette.*
Planches et portraits en phototypie d'après les documents contemporains.

189. — Maria Antonietta, regina di Francia. Lettura fatta al circolo filologico di Livorno, la sera del 7 gennaio 1888, dal professore Licurgo Cappelletti. *Foligno, Pietro Scariglia,* 1888 ; in-12, 53 pp. (*N*. Lb 39 11448.)

Dédiée à « Leone Duchesne de La Sicotière, scrittore insigne, representante nel senato di Francia il dipartimento del l'Orne ».

190. — F. de Vyré. Marie-Antoinette, sa vie, sa mort, 1755-1793. *Paris, E. Plon, Nourrit et C*ie, 1889 ; in-8, 2 ff. et 484 pp. (*N*. Lb 39 11443.)

191. — Histoire de Marie-Antoinette, par Maxime de la

Rocheterie. *Paris, Perrin et C*ⁱᵉ, 1890 ; 2 vol. in-8. (*N*. Lb³⁹ 11467.)

Avant de prendre leur forme définitive, quelques-uns des principaux chapitres de ce livre (*Journées des 5 et 6 octobre, la Communion de Marie-Antoinette à la Conciergerie, le 16 octobre 1793*) avaient paru dans la *Revue des questions historiques*. D'autres épisodes (*Trianon, Marie-Antoinette, les Arts et le Théâtre, les Dernières lectures des prisonniers du Temple*) ont été publiés dans les *Mémoires de l'Académie de Sainte-Croix* d'Orléans et tirés à part.

192. — La Reine Marie-Antoinette, par Pierre de Nolhac. *Paris, Boussod, Valadon et C*ⁱᵉ*, éditeurs*, 1890 ; in-folio, 189 pp. et 1 f. non chiffré. (*N*. Lb³⁹ 11462.)

Pp. 188-189, table des matières et des illustrations hors texte et dans le texte, toutes empruntées aux documents contemporains et reproduites soit en noir, soit en couleur, par les procédés les plus perfectionnés.

192ᵃ. — Pierre de Nolhac. La Reine Marie-Antoinette. Nouvelle édition d'après les derniers documents. *Paris, Alph. Lemerre*, 1892 ; in-12.

Plusieurs fois réimp. et couronné par l'Académie française. Un abrégé comportant trois épisodes du livre : *Marie-Antoinette à Trianon, les Journées d'octobre, la Mort de la Reine* forme le n⁰ 356 d'une *Nouvelle Bibliothèque populaire* à dix centimes, publiée par la librairie Henri Gautier (ancienne maison Blériot). Ils sont précédés d'une courte notice sur l'auteur, signée Charles Simond.

Une étude de M. de Nolhac sur *le Château de Versailles au temps de Marie-Antoinette* (1770-1789), extraite des *Mémoires de la Société des sciences morales, lettres et arts de Seine-et-Oise* (tome XVI, 1889), ne fait pas partie de ce volume et doit être reprise par l'auteur avec de nombreux développements.

193. — Marie-Antoinette. *Paris, la Vie contemporaine, librairie Nilsson*, 1894 ; in-8, 2 ff., 114 pp. et 2 ff. non chiffrés (tables des matières et des gravures).

Tirage à part sous un nouveau titre du n° du 15 octobre 1893 de la *Vie contemporaine,* exclusivement consacré à la Reine et ainsi composé : *Marie-Antoinette,* par Jules Simon. *Le Mariage de Marie-Antoinette,* par Pierre de Nolhac. *La Reine,* par Gaston Maugras. *Le Collier de la Reine,* par Germain Bapst. *Marie-Antoinette et le comte de Fersen,* par Mme la duchesse de Fitz-James. *Marie-Antoinette était-elle jolie ?* par Henri Bouchot. *Marie-Antoinette musicienne,* par Georges Vassor. *Trois projets d'évasion de Marie-Antoinette,* par Maurice Tourneux. *Les Derniers moments de Marie-Antoinette,* par Robert Vallier. *(Marie-Antoinette et l'impératrice Eugénie,* par Mme Carette, née Bouvet. *Notes et croquis (Une miniature de Marie-Antoinette* [appartenant à Mme la duchesse de Mouchy]. *Les mauvais présages. Marie-Antoinette et le peuple de Paris.)*

TABLE DES MATIÈRES

AVERTISSEMENT I
§ 1. — *Écrits authentiques et apocryphes de Marie-Antoinette.*
    A. Correspondance officielle et privée 1
    B. Pamphlets sous forme épistolaire 11
§ 2. — *Particularités relatives à la personne et à la vie privée de Marie-Antoinette.*
    A. Iconographie 16
    B. Résidences et distractions favorites 17
    C. Bibliothèques 18
    D. Modes et mobilier 21
§ 3. — *Vie publique, règne et mort de Marie-Antoinette.*
    A. Correspondances secrètes, mémoires authentiques et apocryphes 21
    B. De 1770 à 1788 39
    C. De 1789 à 1793 45
§ 4. *Historiens de Marie-Antoinette.*
    A. De 1789 à 1802 55
    B. De 1814 jusqu'à nos jours 68

TABLE

DES NOMS D'AUTEURS, ÉDITEURS, ARTISTES, ETC.

ET DES OUVRAGES ANONYMES

(Les chiffres renvoient aux pages et non aux articles)

Abboth (John S.-C.), 71.
Achaintre (Nicolas-Louis), 70.
Adhémar (Comtesse d'), [pseud. de Lamothe-Langon], 39.
Amours (les) de Charlot et de Toinette, 42.
Anecdoten aus dem Leben Ludwigs' and Marie-Antoinette, 63.
Antoinette d'Autriche ou Dialogue entre Catherine de Médicis et Frédégonde, 47.
Arneth (Alfred Ritter von), 7, 8, 22.
Armaillé (comtesse d'), 76.
Aubertin (Ch.), 6.
Aubier (baron d'), 31.
Autrichienne (l') en goguette, ou l'orgie royale, 46.

Auvray, gr., 40.
Avenel (Georges), 76.
Avis au public pour l'arrivée à l'Hôtel-de-Ville (21 janvier 1782), 43.

Babié de Bercenay (Fr.), 67.
Bapst (Germain), 16, 79.
Barrière (François), 27, 30, 35.
Beaucourt (Marquis G. Du Fresne de), 9, 74.
Bertin (Mlle), 38.
Bord.. r...., 47.
Bouchot (Henri), 16, 80.
Bouvet (Joseph), 69.
Brizard (Gabriel), 47.

Cadran (le) des plaisirs de la Cour, 54.

TABLE DES NOMS D'AUTEURS

CAMPAN (Jeanne - Henriette GENET, dame), 29, 31.
CAMPARDON (Émile), 45.
CAPPELLETTI (Licurgo), 78.
CARETTE (Mme), née BOUVET, 79.
Catherine de Médicis dans le cabinet de Marie-Antoinette à Saint-Cloud, 50.
Cause (la) de la Révolution française ou la conduite secrète de M.... A......n.tte..., 48.
C'est ce qui manquait à la collection, 46.
CHAIX D'EST-ANGE (G.), 45.
CHAMBRIER (James de), 76.
CHARAVAY aîné (Jacques), 6.
CHARAVAY (Gabriel), 74.
Chanson nouvelle, Entrée de Madame la Dauphine, 42.
CHENU, gr., 40.
CIVETON, dess., 70.
Collection des ouvrages les plus intéressants présentés à la Cour à l'occasion du mariage de Monseigneur le Dauphin et de Madame la Dauphine, 40.
COMBES (Louis), 45.
Confession (la) de Marie-Antoinette, ci-devant reine de France, 54.
COUCHÉ fils, gr., 55.
Cour (la) de Louis XVI dévoilée, 61.
CRAUFURD (Quentin), 16.
Cri (le) de la douleur sur la tombe de Marie-Antoinette, 63.

DANLOUX (H.-P.), p., 26.
DAVID (Jacques-Louis), 73.

Derniers Soupirs (les) de la g.... en pleurs, 49.
Descente de la Dubarry aux enfers, 55.
DE SEINE (Arthur), 71.
Désespoir de Marie-Antoinette sur la mort de son frère Léopold II, 51.
DESJARDINS (Gustave), 17-18.
DESNOS, gr., 40.
DESRAIS, gr., 42.
DEVÉRIA (Achille), dess., 55.
DEVILLE (Mme), p., 4.
DIEN (F.), gr., 30.
DIONIS (Mlle), 40.
DU BOUCHET (César), 69.
DUGOURC (Jean-Demosthène), dess., 40.
DUKE YONGE (Ch.), 77.
DUPLESSIS (Georges GRATET-), 16.
DUPLESSIS (Joseph-Siffrein), p., 4.

Essai historique (et Essais historiques) sur la vie de Marie-Antoinette d'Autriche, 55-60.
État de distribution des présents de la corbeille de Madame la Dauphine, 39.
Étrennes de la déesse Hébé à la Messaline royale, 50.

FERSEN (Jean-Axel, comte de), 37.
FEUILLET DE CONCHES (Félix-Sébastien), 3-6.
FITZ-JAMES (duchesse de), 79.
FLAMENG (Léopold), gr., 3.
FLAMMERMONT (Jules), 22, 31.

ÉDITEURS, ARTISTES, ETC.   85

Fureurs utérines de Marie-Antoinette, 50.

GANDY (Georges), 7.
G.... *(la) en pleurs,* 49.
GARRIGUES (V.-A.), 11.
GAUM (Johann-Ferdinand), 64.
Gazette d'Augsbourg, 5.
GEFFROY (Augustin), 6, 8, 9.
GIACOMELLI (Hector), dess., 72.
GIRTANER (Christophe), 66.
G.... *royal (le),* 46.
GONCOURT (Edmond et Jules de), 72.
Gonflement (le) de la rate, 42.
GOWER (lord Ronald), 11, 16.
GRAVELOT (Fr.-Hubert BOURGUIGNON, dit), dess., 40.
GUILLAUMOT (Aug.-Alexandre), gr., 73.

HESEKIEL (George), 72.
HEYLLI (Edmond POINSOT, dit Georges), 36.
HEZECQUES (Félix, comte de FRANCE D'), 37.
HUARD (Adolphe), 75.
HUNOLSTEIN (comte Paul Vogt d'), 2-3.

IMBERT DE SAINT-AMAND (Arthur-Léon, baron), 77.
INGOUF (Pierre-Charles ou François-Robert), gr., 40.
Interrogatoire du Roi et de la Reine, 50.

Joie des halles (la), 41.
Journée amoureuse (la) ou les Derniers plaisirs de M....-A...., 54.

Jugement général de toutes les p..ins françaises, 55.
JULLIEN (Adolphe), 17.

KAMERARIUS (W.-M.), 63.
KLINCKOWSTRÖM (baron R.-M. de), 37.
KUCHARSKY, p., 3.

LABORI (F.), 45.
LACOUR (Louis), 18, 34-35.
LACROIX (Paul), 19.
LAFONT D'AUSSONNE (l'abbé), 69-70.
LAFUITE (F.), 71.
LALANNE (Ludovic), 22.
LALLY-TOLENDAL (Gérard-Trophime de), 27-28, 38.
LAMOTHE-LANGON (Étienne-Léon, baron de). Voy. *Adhémar* et *Léonard.*
LA ROCHETERIE (Maxime de), 9, 76, 78.
LA SICOTIÈRE (Léon DUCHESNE de), 1, 74.
LAUZUN (Armand-Louis DE GONTAUT, duc de) et DE BIRON, 31-36.
Leben Marien-Antonien's Kœnigin von Frankreich, 63.
LEBRUN (Pierre-Denis ECOUCHARD-), 46.
LEJEUNE, gr., 55.
LÉONARD (Jean-François AUTIÉ, dit), [pseud. attribué à Lamothe-Langon], 39.
LÉOUZON LE DUC (L.), 23.
LERAT (Paul), gr., 8.
LESCURE (Mathurin-Adolphe de), 5, 17, 22-25, 73-75.
Lettre sur le mariage de mon-

seigneur Louis-Auguste de Bourbon...., 40.
Liste civile, suivie des noms et qualités... — Liste civile et les têtes à prix... — Liste des personnes soldées par cette liste, 51-52.

Marie-Antoinette dans l'embarras, 49.
Maugras (Gaston), 79.
Maximes et pensées de Louis XVI et d'Antoinette, 67.
Mayer (le chevalier de), 65.
Mayeur de Saint-Paul (François-Marie), 46.
Mazade (Charles de), 5, 75.
Meslé (J.-B.-M.-J.), 68.
Moithey (P.-J.), de Vouziers, 69.
Montjoye (Christophe-Louis-Félix Ventre de La Touloubre, connu sous le nom de Gallart de), 66-67.
Morse, gr., 4.
Mouy (Ch. de), 6.

Nolhac (Pierre de), 79.

Observations et précis sur le caractère et la conduite de Marie-Antoinette, 54.
Orse (l'abbé), 29.

Pajou (Augustin), sc., 4.
Pelleport (Gédéon Laffitte, marquis de), 43.
Petit alphabet (le) de la cour, 48.
Petit Charles IX (le) ou Médicis justifié, 47.

Peuchet (Jacques), 38.
Pichon (baron Jérôme), 34-35.
Poissardes (les) à la Reine, 46.
Pompier (l') ou l' Jasement du Marais, 41.
Portefeuille d'un talon rouge, 43.
Prières faites pour l'heureuse délivrance de la Reine... dans l'assemblée des juifs de la nation espagnole et portugaise, 44.
Prudhomme (Louis), 64.

Quentin-Bauchart (Ernest), 20.

Reclus (Élie), 5.
Recueil de quelques anecdotes de la vie de Marie-Antoinette, 64.
Reiset (comte de), 8-9, 21.
Ristelhuber (Paul), 5.
Robiano (Fr. de), 55.
Roulleau-Petit (F.), 68.
Route que tiendra la Reine en allant à Notre-Dame, 78.
Ryampierre (Louise de), 65.

Saint-Germain (L. de), 71.
Saint-Hugues (L. de), 69.
Sainte-Beuve (C.-A.), 5.
Scherer (Edmond), 2, 5.
Schiavonetti (L.), gr., 26.
Schreiber (Aloys-Wilhelm), 64.
Schubart (Ludwig-Albrecht), 63.
Semonce à la Reine, 49.
Seubert (L.), 45.
Silvain (pseud.), 51.

Simon (Jules), 79.
Simon-Viennot (Mme), 71.
Soirées amoureuses du général Mottier et de la belle Antoinette, 49.
Songe ou Horoscope sur l'accouchement futur de Marie-Antoinette, 43.
Storia di Maria Antonietta, 64.
Stroehling (Edward), p., 26.
Sybel (H. de), 4-5, 7.

Tableaux des malheurs de la Reine, 64.
Tels gens, tel encens, 48.
Testament (apocryphe) de Marie-Antoinette d'Autriche, ci-devant reine de France, 49.
Têtes à prix, 53.
Tilly (Alexandre, comte de), 35, 36-37.
Tourneux (Maurice), 79.

Valois de La Motte (comtesse de), 11-14.
Vallier (Robert), 79.
Vassor (Georges), 79.
Veuillot (Eugène), 5.
Vie privée, libertine et scandaleuse de Marie-Antoinette d'Autriche, ci-devant reine de France, 61-62.
Viel-Castel (Horace de), 73.
Vinck d'Orp (baron de), 16.
Vitrac (l'abbé), 75.
Vouziers (de) ; voy. Moithey.
Vrai caractère (le) de Marie-Antoinette, 51.
Vyré (F. de), 78.

Weber (Joseph), 26-29.
Welvert (Eugène), 10.
Wertmuller (Adolphe-Ulric), p., 4.

CHATEAUDUN

IMPRIMERIE DE LA SOCIÉTÉ TYPOGRAPHIQUE

www.ingramcontent.com/pod-product-compliance
Lightning Source LLC
Chambersburg PA
CBHW070309100426
42743CB00011B/2413